7分钟全脑训练

记忆力

[法] 穆里埃尔·博泽克－皮尔斯◎著

贾琼◎译

江苏凤凰科学技术出版社·南京

江苏省版权局著作权合同登记图字：10-2024-163号

图书在版编目（CIP）数据

7分钟全脑训练. 记忆力 / (法) 穆里埃尔·博泽克-皮尔斯著 ; 贾琼译. -- 南京 : 江苏凤凰科学技术出版社, 2025. 5. -- ISBN 978-7-5713-4973-8

Ⅰ. G898.2

中国国家版本馆CIP数据核字第20256AB935号

7分钟全脑训练 记忆力

著　　者　[法] 穆里埃尔·博泽克-皮尔斯
译　　者　贾　琼
责任编辑　倪　敏
责任设计　蒋佳佳
责任校对　仲　敏
责任监制　方　晨

出版发行　江苏凤凰科学技术出版社
出版社地址　南京市湖南路1号A楼，邮编：210009
出版社网址　http://www.pspress.cn
印　　刷　天津睿和印艺科技有限公司

开　　本　787mm × 1 092mm　1/16
印　　张　8
字　　数　130 000
版　　次　2025年5月第1版
印　　次　2025年5月第1次印刷

标准书号　ISBN 978-7-5713-4973-8
定　　价　45.00元

前言

正如体育锻炼能改善并保持身体健康一样，脑力锻炼也能改善并保持思维能力。如果说体育锻炼对于提高身体素质是必要的，那么各种各样的脑力锻炼对于激发和提升大脑各区域并加强它们之间的联系也是必不可少的。

正因如此才产生了全脑运动的概念。如果说您的大脑可以使您在日常生活中完成各种各样的任务，那么它所需要的能力也是多样化的，而每一项能力都需要得到训练。仅仅局限于训练某一种思维能力而忽略其他方面的能力是不够的，因为正是在其他方面所遇到的困难和进行的深入思考才能使大脑变得更“强壮”。如果您只做填字游戏，虽然在这方面会因为不断的练习而越来越出色，但是您的大脑所能得到的激发也会越来越少。因此您必须走出舒适区接受新的挑战，为大脑提供新的发展前景。我们要相信，任何时候锻炼和提升思维都不算晚！人的一生中，大脑始终可以在各神经元之间制造新的连接（即我们所说的“树突”和“突触”），但是要实现这一点，就需要让大脑各个区域时常得到锻炼。

有规律的锻炼比提高练习强度和增加单次练习时长更为重要，这就是本书建议每天 7 分钟练习的原因，这种方式能使您的锻炼更高效且不会感到枯燥，能够确保长期坚持训练。

全套书的练习分成四个类型：数字游戏、记忆力、专注力和逻辑思维，每个类型对应提升一种大脑的能力。

每个人都有自己的强项和弱项，因此，开始即使遇到困难也不要气馁，坚持下去，努力攻克那些真正的挑战！

使用小贴士

本书的练习将占用您每天 7 分钟左右的时间。但这仅仅是个目标，练习初期您超过这个时间也是正常的，相较于在建议时间内马马虎虎完成练习而言，按要求认真完成练习的效果将会更好。

您可以将自己每日练习的时间填入页面右上角的时间栏内，每周进行一次总结能帮助您更直观地看到自己的进步，每天练习中体现出的能力变化也能帮助您发现强项在哪儿。对比一周之前的成绩，您会为自己的进步感到欣喜！

此外，如果您的进步有起伏，也不用担心。如果您在字母游戏中完成得又快又好，但可能您在逻辑游戏或算术游戏中并不一定会同样出色，需要更长的时间来完成练习。但不用担心，相信只要坚持一定会有进步。

总之，本套书的目的是提升您的全脑能力，当然这也是一本娱乐用书，因此练习时无需紧张！希望它能让您产生攻克各类游戏的欲望，并且能坚持下去，从而提升您的全脑思维能力。

目录

1 玻璃鱼缸

请你用 1 分钟记住图片细节，或根据自己的能力调整时长，然后盖住图片等待 5 分钟，再尽可能详细地描述刚才看到的图片。

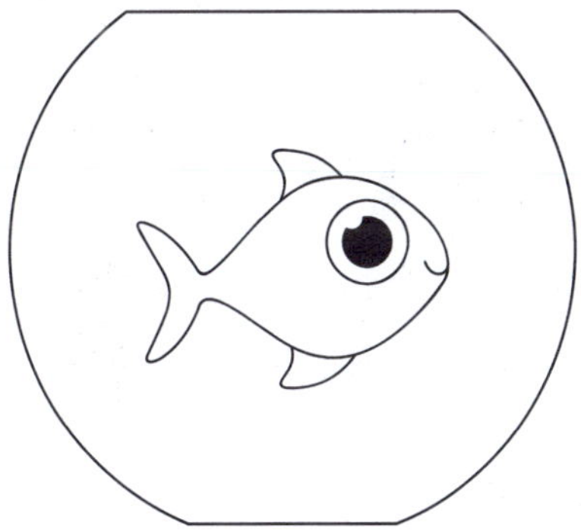

2 形形色色

请你用 30 秒记住图片细节，或根据自己的能力调整时长，然后盖住图片等待 5 分钟，再完成题目。

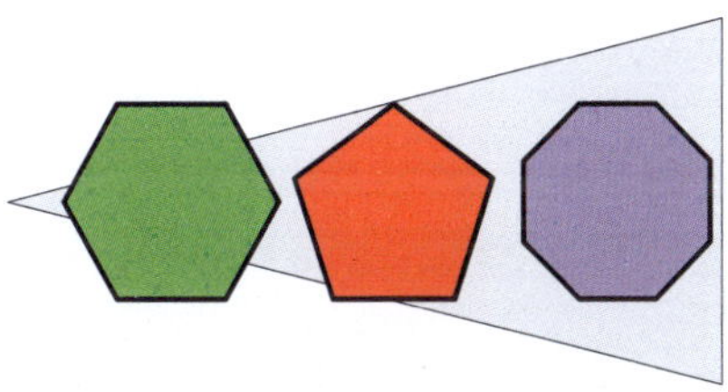

请问你刚刚看到的是下列哪一幅图片？

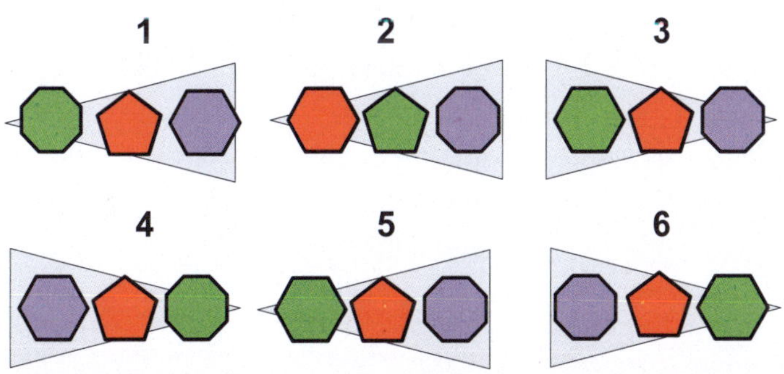

3 农场里的动物

请你用 30 秒记住图片细节，或根据自己的能力调整时长，然后盖住图片等待 5 分钟，再尽可能详细地列举图片中的动物名称。

4 电话号码 1

请你记住下面的电话号码（或者记住任意一个你认识的人的电话号码）。

06 35 26 83 18

你可以重复这个游戏，不断增加你记住的电话号码的数量。

时间

5 卡片游戏

请你用 15 秒记住图片细节，或根据自己的能力调整时长，然后盖住图片等待 5 分钟，再完成题目。

请问你刚刚看到的是下列哪一组图片？

1

2

3

4

6 电话号码 2

请你回忆昨天记住的电话号码。

如果记忆的结果不太理想，请重做练习或再尝试记忆其他电话号码。

7 熊猫游戏

请你用 1 分钟记住左下图的细节，或根据自己的能力调整时长，然后盖住图片等待 5 分钟，在右下图中找出与左下图不同的 5 个地方。

8 大数字

请你用 1 分钟记住下列数字，或根据自己的能力调整时长，然后盖住数字等待 5 分钟，再完成题目。

269483497168

请回答下列问题：

（1）数字 1~9 中的哪几个数字出现过？

（2）有几个 6？

（3）一共有几个数字？

9 生日

请你用 1 分钟记住左下图的细节，或根据自己的能力调整时长，然后盖住图片等待 5 分钟，在右下图中找出与左下图不同的 5 个地方。

10 圣诞彩球

请你用 1 分钟记住圣诞彩球的细节，或根据自己的能力调整时长，然后盖住图片等待 5 分钟，再完成题目。

请回答问题：

（1）包含了相同数字的彩球分别是什么颜色？

（2）黄色圣诞球上的数字之和是多少？

（3）所有圣诞彩球上的数字之和是多少？

11 杂耍演员

请你用30秒记住图片细节，或根据自己的能力调整时长，然后盖住图片等待5分钟，再按从左到右的顺序说出图中水果和蔬菜的名称。

12 车标方格

每张车标图片对应数字、符号各一个。请用数字与符号代替方格里的图片，并在另一张纸上填写出新方格。

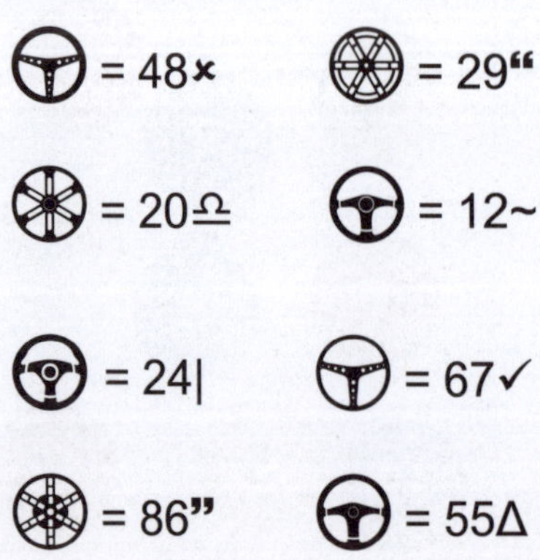

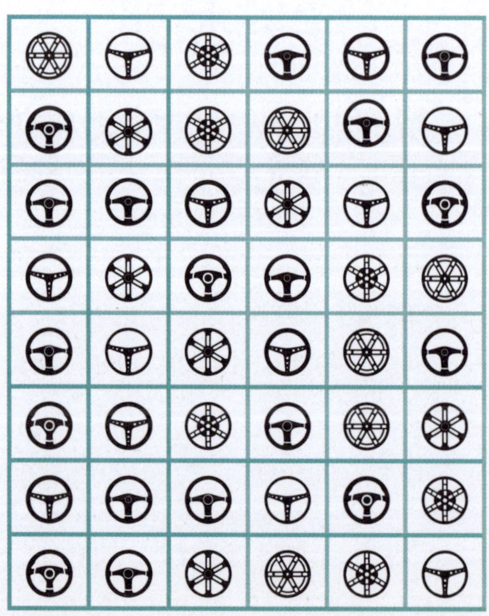

时间

13 动物卡片

请你用 1 分钟记住左下图的细节，或根据自己的能力调整时长，然后盖住图片等待 5 分钟，再在右下图中，圈出改变了位置的 6 只动物。

14 购物

请你用 30 秒记住图片细节，或根据自己的能力调整时长，然后盖住图片等待 5 分钟，再尽可能详细地列举出图片中的物品名称。

15 快速还原

请你用 2 分钟记住图片细节，或根据自己的能力调整时长，然后盖住图片等待 5 分钟，再尽可能详细地列举出图片中的物品名称。

16 蜡烛方格

每张蜡烛图片对应数字、字母各一个。请用数字与字母代替方格里的图片，并在另一张纸上填写出新方格。

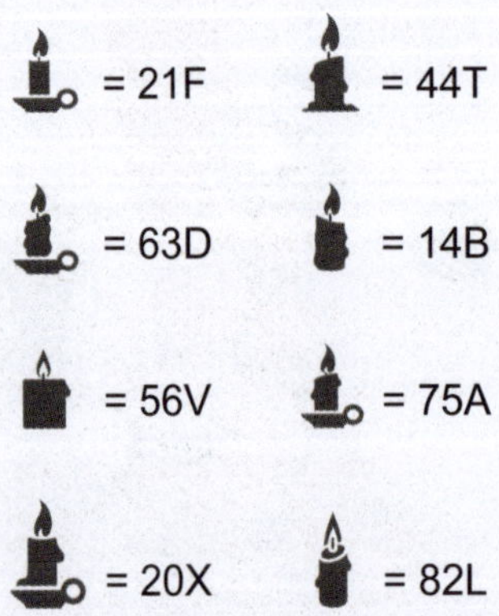

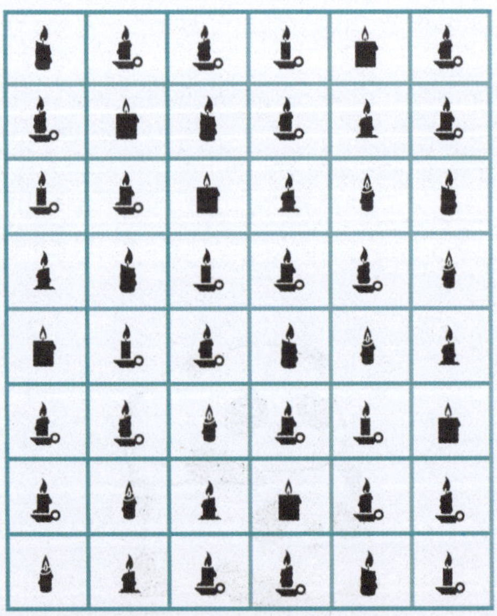

17 庄家的眼力

请问在下列几副牌中，哪张牌出现了三次？

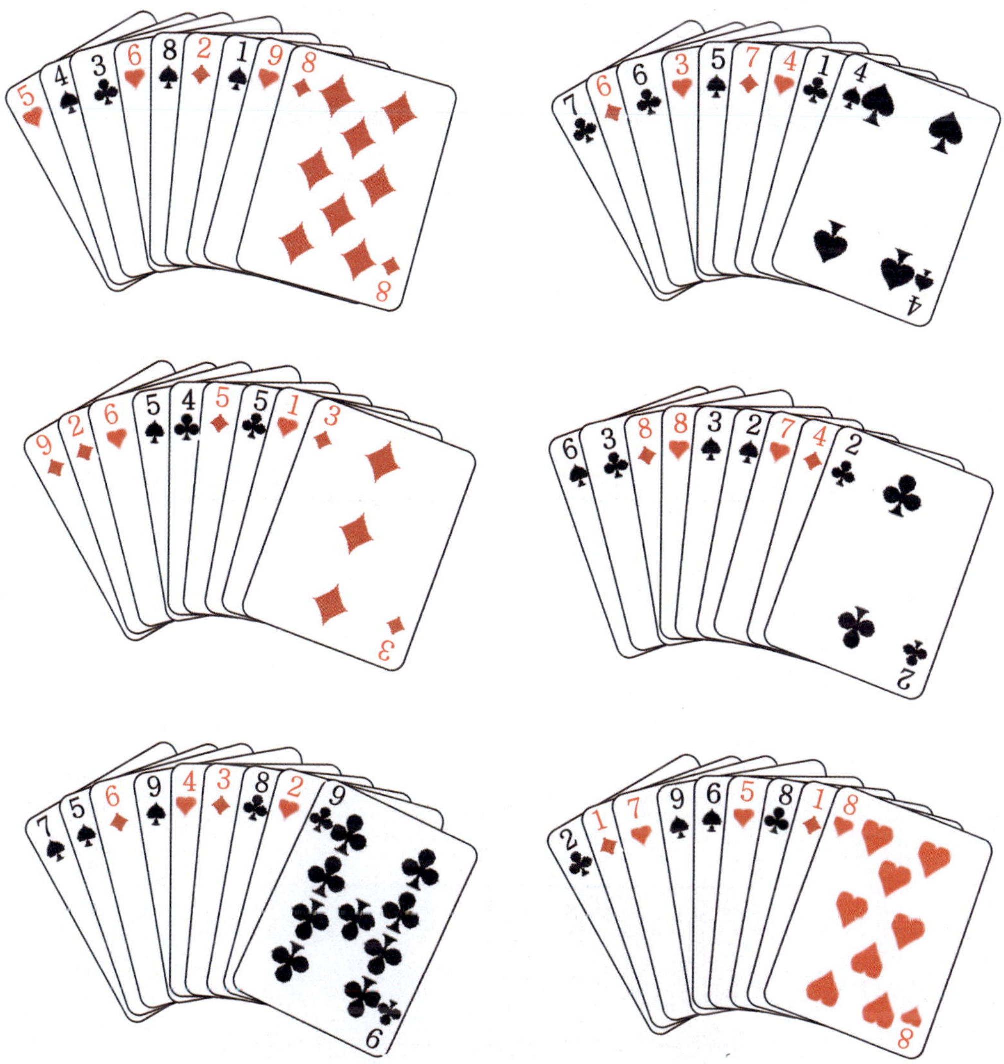

18 加密信息

请你用 2 分钟记住左下图，或根据自己的能力调整时长，然后盖住图片等待 5 分钟，再根据指示完成题目。

右下图的数字代表着四个间谍的名字，请你进行解码。

1 = A	5 = L
2 = C	6 = M
3 = E	7 = N
4 = I	8 = R

235473

_ _ _ _ _ _

8364

_ _ _ _

6182

_ _ _ _

251483

_ _ _ _ _ _

19 长方形

请你用 15 秒记住图片细节，或根据自己的能力调整时长，然后盖住图片等待 5 分钟，再描述出将图片按逆时针方向旋转 180 度后的样子。

20 巧克力蛋糕

请你用 1 分钟记住巧克力蛋糕的配方，然后盖住配方等待 5 分钟，再说出下图中的哪些材料是多余的。

100 克巧克力碎　　1 罐糖　　2 香草荚　　1 瓶牛奶

1 包发酵粉　　3 罐面粉　　$\frac{1}{2}$ 瓶食用油　　1 杯酸奶

糖

鸡蛋

香草荚

食用油

牛奶

朗姆酒

冻干块

发酵粉

黄油

面粉

酸奶

巧克力碎

21 磨坊

请你用1分钟记住图片细节，或根据自己的能力调整时长，然后盖住图片等待5分钟，再完成题目。

请回答下列问题：

（1）有几只鸭子？

（2）请你描述一下农场主的帽子。

（3）有一只猫在奶牛和公鸡的中间，对吗？

（4）离我们最远的奶牛身上有几块斑纹？

（5）一共有三对动物的角，对吗？

22 男人

请你用1分钟记住图片细节，或根据自己的能力调整时长，然后盖住图片等待5分钟，再尽可能详细地描述男人的外貌。

23 海滨浴场

请你用 30 秒记住图片细节，或根据自己的能力调整时长，然后盖住图片等待 5 分钟，再在 1 分钟内按从右到左的顺序说出所有更衣室的颜色。

24 瓜果蔬菜

请你用 30 秒记住图片细节，或根据自己的能力调整时长，然后盖住图片等待 5 分钟，再尽可能详细地列举出图片中的水果和蔬菜名称。

时间

25 瓢虫

请你用 1 分钟记住左下图的细节，或根据自己的能力调整时长，然后盖住图片等待 5 分钟，再在右下图中将瓢虫的斑点补充完整。

26 记忆符号

请你用 30 秒记住下列符号，或根据自己的能力调整时长，然后盖住图片等待 5 分钟，再根据指示完成题目。

% © & # £ > Ω ∞

请你回答下列问题：

（1）哪个符号位于 # 和 > 之间？

（2）哪个符号位于 % 的右边？

（3）哪个符号出现在 & 的左边？

（4）哪个符号位于 > 的右边？

27 集市

请你用 30 秒记住图片细节，或根据自己的能力调整时长，然后盖住图片等待 5 分钟，再根据指示完成题目。

请你回答下列问题：

（1）豌豆在西红柿的前面，对吗？

（2）洋葱在芹菜和花椰菜之间，对吗？

（3）茄子在紫花椰菜的前面，对吗？

（4）西葫芦在土豆的后边，对吗？

（5）洋葱在西葫芦的上面，对吗？

28 玩具

请你用 1 分钟记住左下图的细节，或根据自己的能力调整时长，然后盖住图片等待 5 分钟，再在右下图中圈出改变了位置的 6 个玩具。

29 气球 1

请你用 30 秒记住右边气球的细节，或根据自己的能力调整时长，然后盖住图片等待 5 分钟，再在左图中选出你刚刚记住的气球。

1 2 3 4

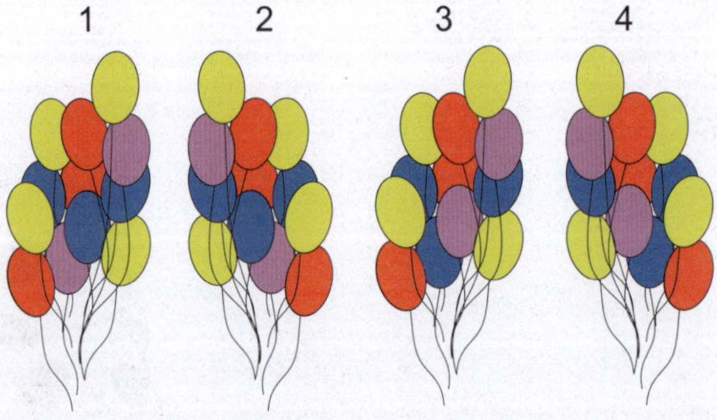

时间

30 芭蕾舞者 1

请你用 1 分钟记住下列图片的细节，或根据自己的能力调整时长，然后盖住图片等待 5 分钟，再根据提示完成题目。

请问下列哪些芭蕾舞者是你记忆过的？

时间

31 方阵图里的字母

请你用 30 秒记住图片细节，或根据自己的能力调整时长，然后盖住图片等待 5 分钟，再回忆每个字母的位置，将其填入空白表格中。

E	W	C
C	G	E
W	C	G
E	G	W

32 动物公司

请你用 1 分钟记住图片细节，或根据自己的能力调整时长，然后盖住图片等待 5 分钟，再按从左到右的顺序详细地列举出图片中的动物名称。

33 奇形怪状

请你用 15 秒记住图片细节，或根据自己的能力调整时长，然后盖住图片等待 5 分钟，再根据指示完成题目。

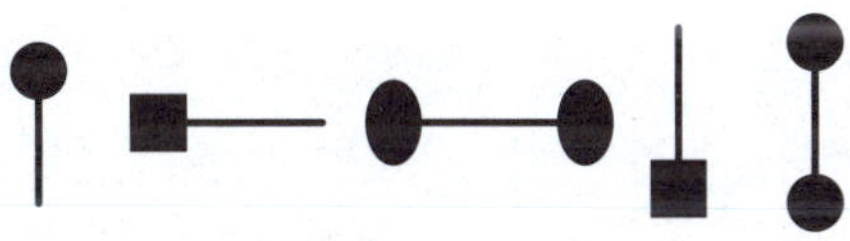

请问下列哪一幅图片是你刚才记住的图片？

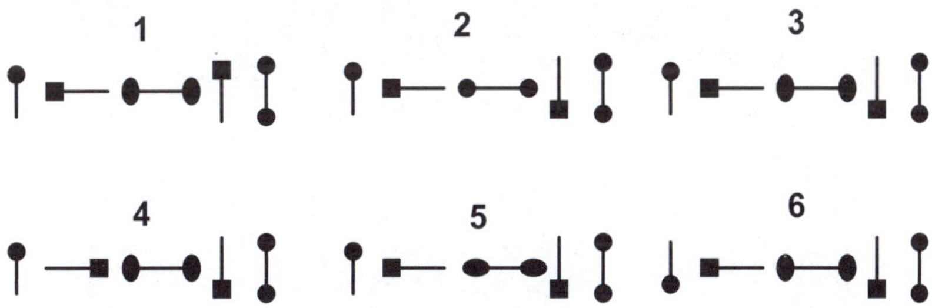

34 晚餐

请你用 30 秒记住宾客座位图，或根据自己的能力调整时长，然后盖住图片等待 5 分钟，再在下方空白座位图中复原宾客的位置。

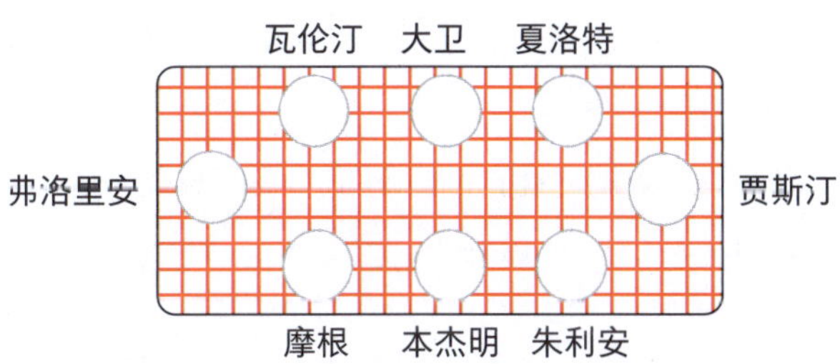

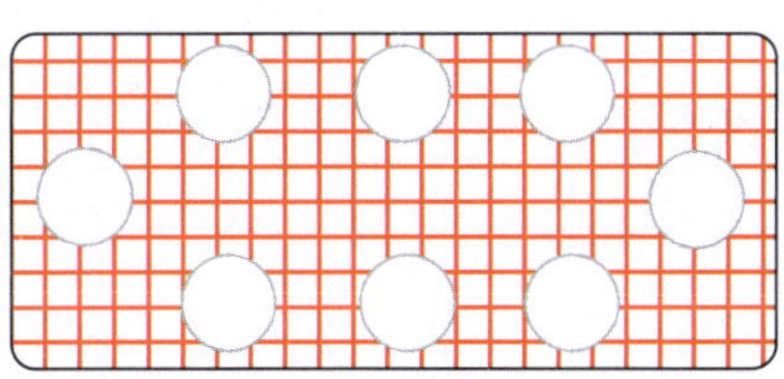

35 停车场

请你用 1 分钟记住图片细节，或根据自己的能力调整时长，然后盖住图片等待 5 分钟，再完成题目。

请回答下列问题：

（1）有多少辆红色小轿车？

（2）蓝色货车停在黄色小轿车的对面，对吗？

（3）橙色小轿车位于两辆黄色汽车之间，对吗？

（4）有多少辆货车？

（5）有两辆小轿车停在绿色货车和蓝色货车的中间，对吗？

（6）每两辆面对面停着的汽车颜色都不同，对吗？

（7）正在停车的小轿车是什么颜色？

（8）只有一辆黄色小轿车，对吗？

36 袋鼠

请你用 30 秒记住左下图的细节，或根据自己的能力调整时长，然后盖住图片等待 5 分钟，再在右下图中找出与左下图不同的 5 个地方。

37 骑士

在选项 A~F 中，有一个骑士与下图中的骑士完全相同，请问是哪一个？

注意，不能倒着看图片。

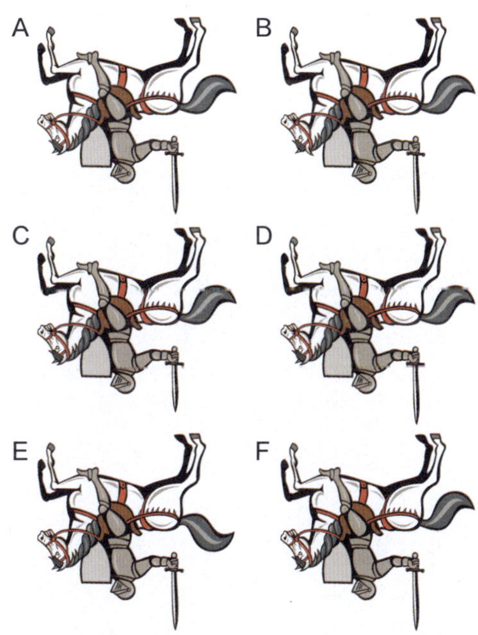

38 路线图

请你用 2 分钟记住路线，或根据自己的能力调整时长，然后盖住文字等待 5 分钟，再根据指示完成题目。

路线：从 *Y* 点开始，先走到 *Z* 点，再向左转途经 *W* 点，然后右转向上走，接着左转，走到 *X* 点，最后回到 *Y* 点。

请问下列哪张路线图跟你记住的文字描述的路线一致？

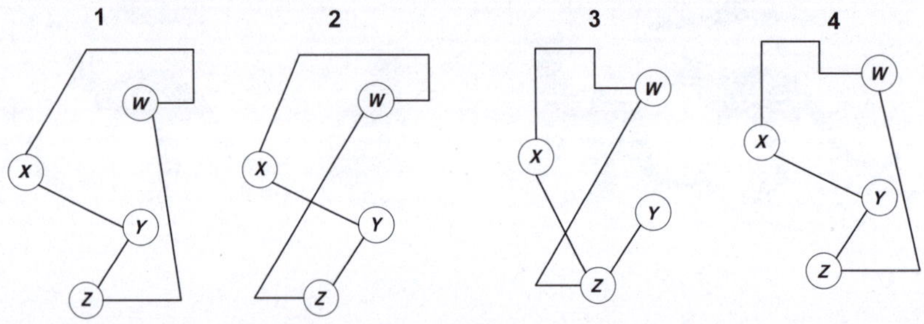

39 忙碌的一周

请仔细阅读下列文字，然后盖住这些信息并根据指示完成游戏。

每天早上七点半梅兰妮开始工作，直到下午三点才结束，其中吃午饭只花费半小时。为了劳逸结合，她每周一、周五的晚上会上舞蹈课；每周二晚上会上塑形课；每周四晚上会练习瑜伽；每周六上午会去游泳池练习水中健美操。不下雨的时候，她会骑自行车上班；下雨的时候，她会乘坐公交车或地铁上班。

（1）她怎么去上班？

（2）每周四晚上，她会做什么？

（3）她是每周二晚上去上舞蹈课吗？

（4）她什么时候去游泳池？

（5）哪一门课，她每周会上两次？

（6）她每天工作几小时？

时间

40 山雀

请你用1分钟记住不同山雀的身体特征，或根据自己的能力调整时长，然后盖住文字等待5分钟，再完成题目。

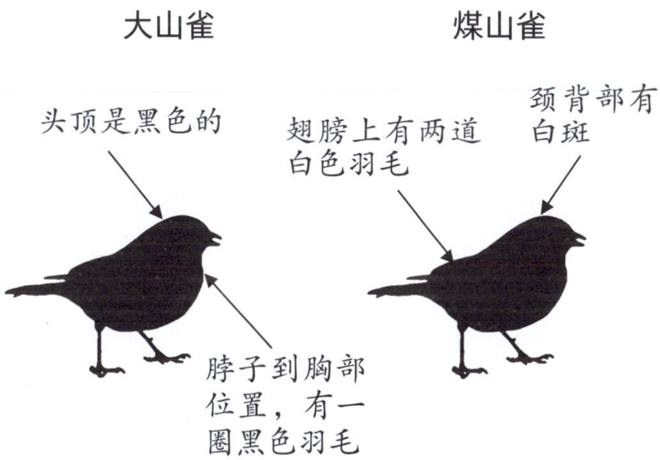

请你说出下列图片分别是哪一种山雀。

41 数不胜数

请你记住下列数字组，然后盖住数字组，并正确说出这些数字。

每行的数字逐步增大，任务难度也会随之提高。你可以重复记忆，不断增加你记住的数字的数量。

368
3 456
40 425
58 3729
8 467 789
17 412 581
568 397 246
1 438 955 621
72 650 843 615

42 小羊

请你用1分钟记住小羊的细节，或根据自己的能力调整时长，然后盖住图片等待5分钟，再在另一张纸上画出小羊的样子。

43 刀叉

请你用 1 分钟记住左下图的细节，或根据自己的能力调整时长，然后盖住图片等待 5 分钟，再在右下图中找出与左下图不同的 5 个地方。

44 字符串 1

请你用 1 分钟记住下列字符串，或根据自己的能力调整时长，然后盖住字符串等待 5 分钟，再根据提示完成题目。

~ ? § * £ % μ & °

请你回答下列问题：

（1）请你写出倒数第 2 个符号。

（2）第 3 个符号是什么？

（3）请你写出 μ 左边的符号。

（4）? 和 * 之间的符号是什么？

45 冬季运动

请你用 1 分钟记住图片细节，或根据自己的能力调整时长，盖住图片等待 5 分钟，再根据提示完成题目。

请你回答下列问题：

（1）松树上有几颗圣诞球？

（2）坐在轮胎上滑雪的女孩戴的帽子是什么颜色？

（3）松树上有几颗蓝色圣诞球？

（4）用雪橇滑雪的女孩的头发是橙红色的，对吗？

（5）雪人的嘴巴是用几块石头做的？

时间

46 鸟 1

请你用 2 分钟记住图片细节，或根据自己的能力调整时长，然后盖住图片等待 5 分钟，再根据提示完成题目。

请你按照记忆里鸟的位置，将代表鸟的序号对应填入下列空格中。

1

2

3

4

5

6

47 菜园

请你用 1 分钟记住蔬菜表，或根据自己的能力调整时长，然后盖住表格等待 5 分钟，再根据表格把代表不同蔬菜的编号对应填入空格中。

胡萝卜	芦笋	生菜	西葫芦
花菜	大蒜	土豆	黄瓜
四季豆	甜菜	西葫芦	洋葱
白萝卜	樱桃萝卜	包菜	番茄

1

2

3

4

5

6

7

48 字母方阵

请你用 1 分钟记住方阵图，或根据自己的能力调整时长，然后盖住图片等待 5 分钟，再根据记忆里的图片，将字母对应填入空格中。

H	I	N
R	I	H
I	H	R
N	R	N

49 天气预报

请你用 1 分钟记住天气预报图，或根据自己的能力调整时长，然后盖住图片等待 5 分钟，再根据提示完成题目。

请回答下列问题：

（1）周一的最低气温是多少？

（2）什么时候天气会转晴？

（3）周二的最高气温是多少？

（4）周三会下雨吗？

（5）哪一天有雾？

50 野生动物 1

请你用 30 秒记住图片细节，或根据自己的能力调整时长，然后盖住图片等待 5 分钟，再尽可能详细地列举出图片中的动物名称。

51 骰子游戏

请你用 1 分钟记住骰子图细节，或根据自己的能力调整时长，然后盖住图片等待 5 分钟，再根据提示完成题目。

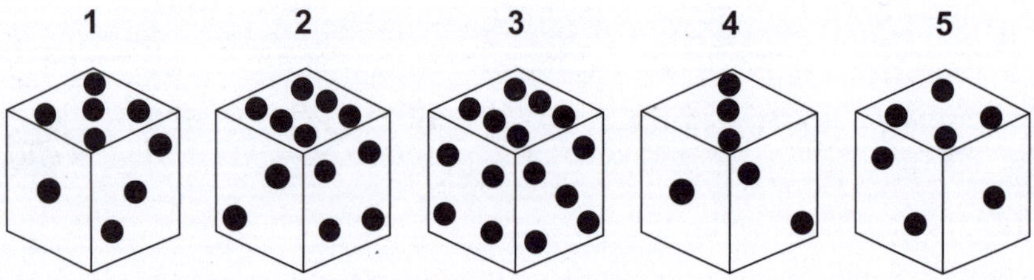

请回答下列问题：

（1）所有骰子的顶部面的点数之和是多少？

（2）所有骰子的左侧面的点数之和是多少？

（3）第四个骰子的右侧面的点数与第二个骰子的顶部面的点数之和是多少？

（4）第五个骰子的顶部面的点数除以第二个骰子的左侧面点数的商是多少？

52 雨伞 1

请你用 30 秒记住雨伞图的细节，或根据自己的能力调整时长，然后盖住图片等待 5 分钟，再说出每种颜色的雨伞分别有多少把。

53 日程

请你用 1 分钟记住日程安排，或根据自己的能力调整时长，然后盖住日程信息等待 5 分钟，再在日历中标出这些日程安排。

3 月 20 日 看牙　　4 月 5 日 理发
3 月 2 日 看医生　　4 月 17 日 按摩
4 月 25 日 去银行　　3 月 12 日 配眼镜

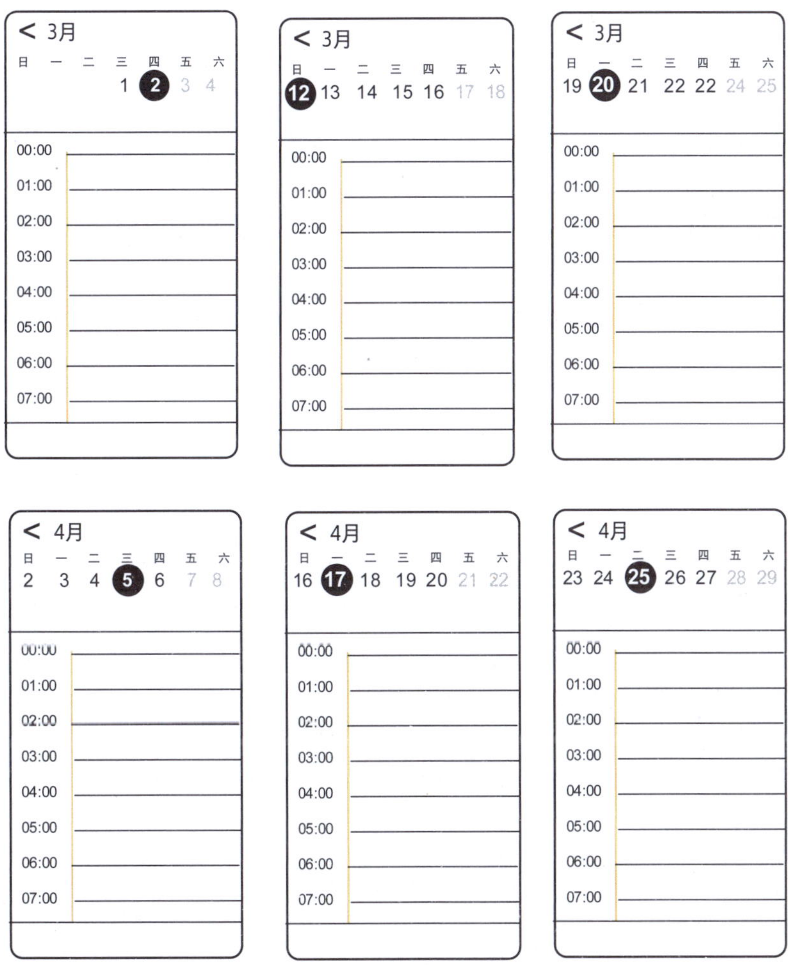

54 餐厅菜单

请你用 1 分钟记住两张菜单，或根据自己的能力调整时长，然后盖住菜单等待 5 分钟，再根据提示完成题目。

伊洛迪：洋葱汤、熏鲑鱼、勃艮第炖牛肉、法式焦糖布丁。

弗朗索瓦：当日特色浓汤、法式蜗牛、当日鲜鱼、杏仁奶油蛋糕。

洛根：洋葱汤、法式蜗牛、阿尔摩里克龙虾、兰姆巴巴蛋糕。

艾米丽：当日特色浓汤、腌制生牛肉片、波尔图里脊肉、法式焦糖布丁。

请问根据喜好，伊洛迪、弗朗索瓦、洛根和艾米丽分别去了哪个餐厅吃饭？

绿色加兰特餐厅

菜　单

汤

洋葱汤、当日特色浓汤

正菜

熏鲑鱼、法式蜗牛、腌制生牛肉片

肉类

烤排骨、波尔图里脊肉、烤羊排

海鲜

烤鲑鱼块、阿尔摩里克龙虾、当日鲜鱼

甜点

法式焦糖布丁、漂浮岛蛋糕、兰姆巴巴蛋糕

美食家餐厅

菜　单

汤

洋葱汤、当日特色浓汤

正菜

熏鲑鱼、法式蜗牛、田鸡腿

肉类

勃艮第炖牛肉、波尔图里脊肉、香煎小牛肝

海鲜

法式白葡萄酒烩青口贝、普罗旺斯龙虾、当日鲜鱼

甜点

杏仁奶油蛋糕、法式牛轧糖雪糕、法式焦糖布丁

55 人头攒动

请你用 1 分钟记住图片细节，或根据自己的能力调整时长，然后盖住图片等待 5 分钟，再根据提示完成题目。

请回答问题：

（1）有几个人戴着眼镜？

（2）有几个人系着领带？

（3）有几个人蓄着胡子？

（4）有几个人是白头发？

56 觥筹交错

请你用 30 秒记住图片细节，或根据自己的能力调整时长，然后盖住图片等待 5 分钟，再按从右至左的顺序说出第一行杯子的颜色，按从左至右的顺序说出第二行杯子的颜色。

57 足球

请你用 1 分钟记住下列词语，或根据自己的能力调整时长，然后盖住词语等待 5 分钟，再复述出所有词语。

球门	球网	球	带球
球场	比赛	裁判	球鞋
运动衫	运动短裤	罚点球	守门员
假动作	远传	摆脱	传中
球门线	防守	停球	红牌
边锋	中场休息		

58 斑马和长颈鹿

请你用 30 秒记住左下图的细节，或根据自己的能力调整时长，然后盖住图片等待 5 分钟，再在右下图中找出与左下图不同的 5 个地方。

时间

59 渔夫

请你用 1 分钟记住渔夫图片细节，或根据自己的能力调整时长，然后盖住图片等待 5 分钟，再根据提示完成题目。

请问哪些渔夫在图片中出现过？

60 恐龙

请你用 2 分钟记住恐龙图片细节，或根据自己的能力调整时长，然后盖住图片等待 5 分钟，再根据原图中恐龙的位置，将代表不同恐龙的序号对应填入空白表格中。

1

2

3

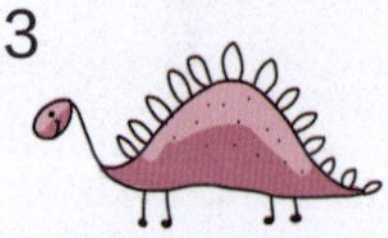

4

5

6

61 动物园 1

请你用 1 分钟记住动物园的细节，或根据自己的能力调整时长，然后盖住图片等待 5 分钟，再根据提示完成题目。

请回答下列问题：

（1）蛇的旁边住着什么动物？

（2）动物园里有几盏路灯？

（3）有几个人坐在长凳上？

（4）冰激凌摊离哪种动物最近？

（5）狮子的围栏边有多少人？

62 气球 2

请你用 30 秒记住右边的气球图，或根据自己的能力调整时长，然后盖住图片等待 5 分钟，再完成题目。

如果你将右边的气球图水平翻转过来，那么会得到哪幅图片？

1

2

3

4

63 鸟 2

请你用 1 分钟记住左下图的细节，或根据自己的能力调整时长，然后盖住图片等待 5 分钟，再在右下图中找出与左下图不同的 5 个地方。

64 人在旅途

请你用 1 分钟记住地图，或根据自己的能力调整时长，然后盖住地图等待 5 分钟，再完成题目。

请问下面哪个笔记记录了从尚塔尔家到爱洛依丝家沿途的风景出现的先后顺序？

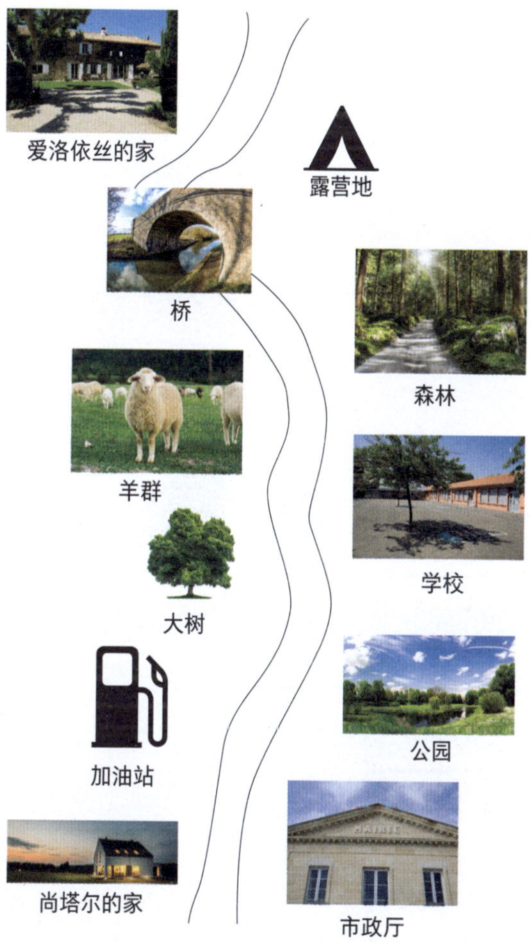

A	B	C	D
加油站	市政厅	加油站	市政厅
市政厅	加油站	市政厅	加油站
公园	公园	公园	公园
大树	大树	大树	大树
学校	学校	学校	学校
羊群	森林	羊群	羊群
森林	羊群	露营地	森林
露营地	露营地	森林	桥
桥	桥	桥	露营地

65 自然历史博物馆

请你用 1 分钟记住博物馆展厅图，或根据自己的能力调整时长，然后盖住图片等待 5 分钟，再完成题目。

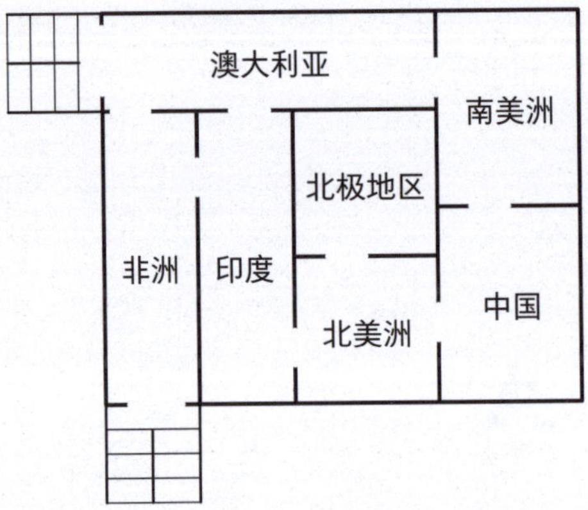

请你根据动物实际生活的地区，把代表不同动物的编号对应填入空白展厅图中。

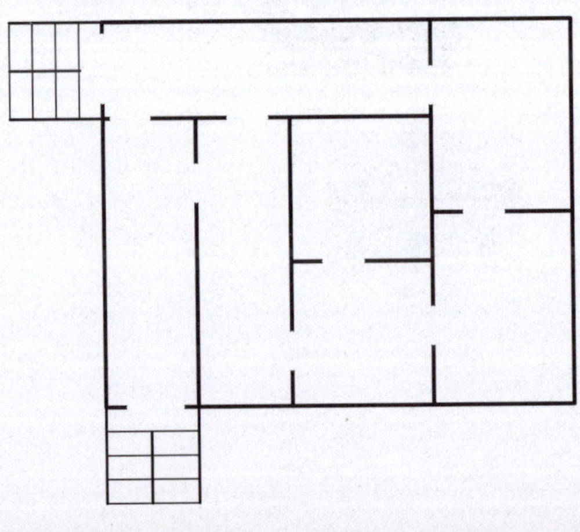

66 图形方阵 1

请你用 1 分钟记住左下图，或根据自己的能力调整时长，然后盖住图片等待 5 分钟，再根据记忆，在空白表格中复原左下图。

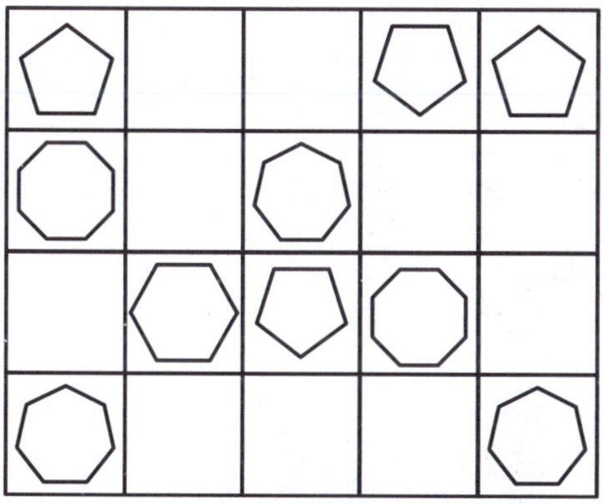

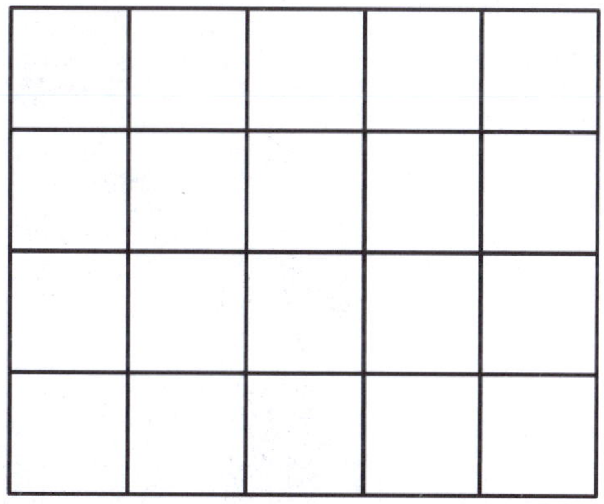

67 大象 1

请你用 1 分钟记住大象图片，或根据自己的能力调整时长，然后盖住图片等待 5 分钟，再在另一张纸上，将大象画出来。

68 人群

请你用 1 分钟记住人物图片细节，或根据自己的能力调整时长，然后盖住图片等待 5 分钟，再尽可能详细地描述最右边男士的外貌。

69 可视线

请你用 1 分钟记住第一行的符号，或根据自己的能力调整时长，然后盖住符号，并完成题目。

ш ¥ θ ≡ Δ ∩ ∞ ∧ ≈ $ ©

ш ¥ θ ≡ ∧ ∩ ∞ Δ ≈ = $ ©

请回答下列问题：

（1）请问第二行中，哪个符号改变了颜色？

（2）请问第二行中，哪个符号是第一行没有的？

（3）请问与第一行对比，第二行中的哪些符号改变了位置？

70 多米诺

请你用 1 分钟记住左下图的细节，或根据自己的能力调整时长，然后盖住图片等待 5 分钟，再根据记忆，在空白表格中复原左图。

71 厨房用具

请你用 1 分钟记住图片，或根据自己的能力调整时长，然后盖住图片等待 5 分钟，再尽可能详细地列举出图片中的厨房用具名称。

72 公园

请你用 1 分钟记住公园图片，或根据自己的能力调整时长，然后盖住图片等待 5 分钟，再完成题目。

请回答下列问题：

（1）公园中有多少条长凳？

（2）弹吉他的男人穿着什么颜色的上衣？

（3）只有一个人戴着帽子，对吗？

（4）有多少人穿着蓝色 T 恤？

（5）气球是什么颜色的？

（6）公园里有多少人是躺着的？

（7）公园里有多少盏路灯？

73 火山

请你用 3 分钟记住下列词语，或根据自己的能力调整时长，然后盖住词语等待 5 分钟，再复述出所有词语。

玄武岩	火山气体	破火山口	火山砾
火山灰	火山熔岩	火山腔	岩浆
火山通道	构造板	火山锥	浮石
火山口	火山碎屑	穹丘	火山岩渣
火山喷发	超级火山	死火山	火山学家

74 热带鱼 1

请你用 1 分钟记住下列鱼类的特征，或根据自己的能力调整时长，然后盖住特征文字等待 5 分钟，再指出下方的鱼类分别是什么鱼。

花斑拟鳞鲀：身体底色是黑色的，身体下方有白色大圆点。
主刺盖鱼：身体底色是黄色的，上面有蓝色横条纹；拥有橙色尾部。
刺尾鲷鱼：身体容易黄化，尾部具有一个或数个硬棘。
金口马夫鱼：身体是白色的，上面有两道竖直黑条。

75 河马

请你用 1 分钟记住河马图，或根据自己的能力调整时长，然后盖住图片等待 5 分钟，再画出记忆中的河马。

76 巡回演出

请你用 1 分钟记住某歌手的巡回演出行程表，或根据自己的能力调整时长，然后盖住表格等待 5 分钟，再复述出歌手巡回演出的行程表内容。

1 月 3 日	阿拉伯联合酋长国阿布扎比音乐酒吧
2 月 10 日	智利圣地亚哥国家体育场
2 月 20 日	阿根廷布宜诺斯艾利斯拉普拉塔城球场
3 月 6 日	巴西里约热内卢马拉卡纳体育场
4 月 7 日	墨西哥墨西哥城太阳广场体育场
7 月 22 日	澳大利亚阿德莱德椭圆形体育场
11 月 25 日	法国巴黎奥林匹克歌剧院
12 月 13 日	美国纽约布鲁克林巴克莱中心

77 音乐会

请你用 1 分钟记住图片内容，或根据自己的能力调整时长，然后盖住图片等待 5 分钟，再回答下列问题。

请回答下列问题：

（1）音乐会现场，有多少观众是坐着的？

（2）站着的女观众戴着什么颜色的帽子？

（3）一共有 5 个观众席位，对吗？

（4）背景装饰里，有几个气球？

（5）有 3 个音乐家弹奏吉他，对吗？

（6）能看到几个人穿着长裤？

（7）帽子上有黄色装饰的女观众穿着什么颜色的鞋子？

（8）戴着淡蓝色帽子的女观众是短发吗？

78 雨伞 2

请你用 1 分钟记住雨伞细节，或根据自己的能力调整时长，然后盖住图片等待 5 分钟，再指出下面 3 把雨伞分别是谁的。

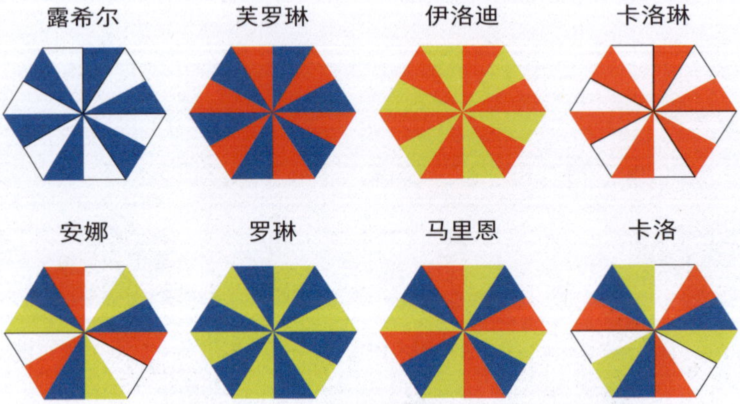

79 芭蕾舞者 2

请你用 1 分钟观察左下图，然后盖住左下图，从右下图中选出刚才观察过的芭蕾舞者。

80 博物馆

请你用 1 分钟记住博物馆展厅地图，或根据自己的能力调整时长，然后盖住展厅地图等待 5 分钟，再完成题目。

1

2

3

4

5

6

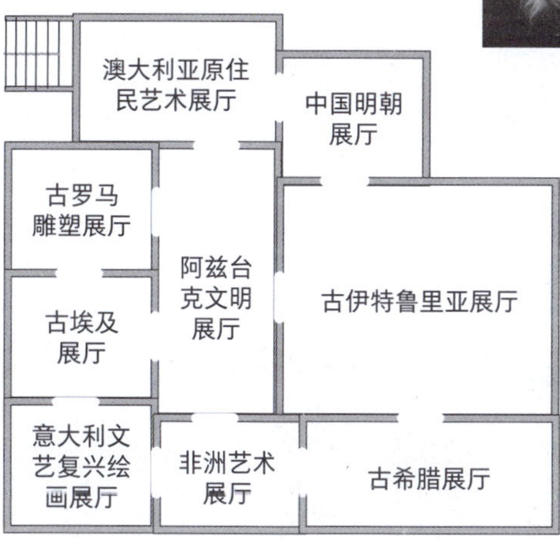

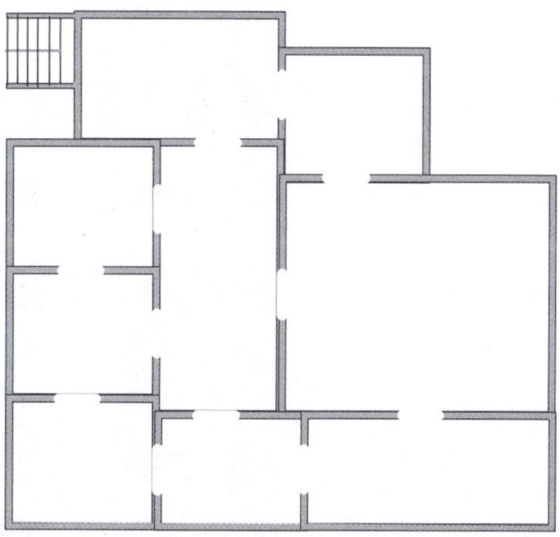

请你根据展品的风格，将代表不同展品的序号对应填入空白展厅图中。

81 野生动物 2

请你用 1 分钟记住第 1 张图片的细节，或根据自己的能力调整时长，然后盖住图片等待 5 分钟，再用第 2 张图片跟记忆里的图片对比，找出 5 个被删除的动物。

82 夹克衫

请你用1分钟记住不同骑手的特征描述，或根据自己的能力调整时长，然后盖住文字等待5分钟，再将每位骑手的名字写在对应夹克衫的下方。

马修：夹克衫上有着黄绿色条纹装饰和蓝色袖子。

克里斯托弗：黑色夹克衫上点缀着黄色星星；黄色袖子上点缀黑色星星。

史蒂芬：夹克衫是淡紫色和粉紫色的；一只白色袖子上有粉紫色装饰带，另一只白色袖子有淡紫色装饰带。

让皮埃尔：蓝色夹克衫上有红色条带装饰；蓝色袖子上也有红色条带装饰。

米歇尔：夹克衫上有橙绿色条纹，橙色袖子、绿色袖子各一只。

帕特里克：夹克衫是黄色的，带有黑点；袖子也是黄色带黑点。

时间

83 高跟鞋

请你用 1 分钟记住高跟鞋的位置以及与字母的对应关系，然后盖住表格等待 5 分钟，再用字母代替表格中的图片填写空白表格。

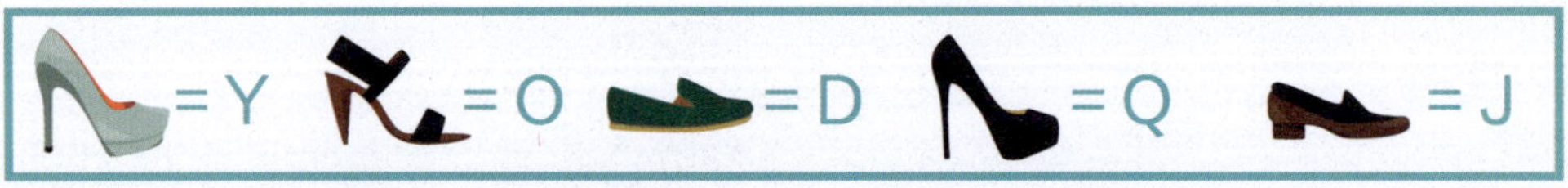

时间

84 图形方阵 2

请你用 1 分钟记住下列图形方阵，或根据自己的能力调整时长，然后盖住图片等待 5 分钟，再在另一张纸上画出方阵。

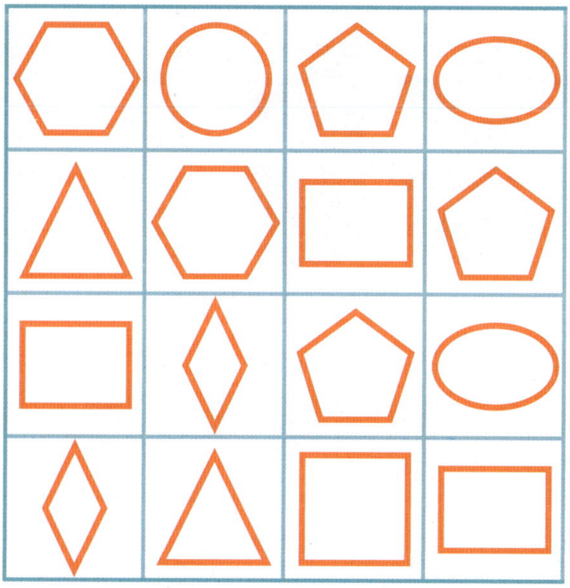

85 大象 2

请你用 1 分钟记住大象图片，然后合上书本等待 5 分钟，再在另一张纸上，将大象画出来。

86 花盆

请用 30 秒认真观察下方花盆，然后合上书本，按从左往右的顺序说出花盆的颜色。

87 除草

请你用 30 秒记住图片细节，或根据自己的能力调整时长，然后盖住图片等待 5 分钟，再完成题目。

请回答下列问题：

（1）有几棵深绿色的树？

（2）男生穿着的 T 恤上写着什么字母？

（3）男人穿着什么颜色的背带裤？

（4）说出图片中三个蓝色的物品。

88 动物方阵 1

请你用 1 分钟记住动物方阵，或根据自己的能力调整时长，然后盖住图片等待 5 分钟，再按从左往右、从上往下的顺序，用数字代替动物方阵中的图片对应填写空白表格。

89 萨朗波

请阅读居斯塔夫 · 福楼拜《萨朗波》中的选段，然后完成下列问题。

月亮从水面上升起，依然笼罩于黑暗中的城市里泛起点点银光，有些银白的东西在闪闪发光：那是停在某个院落的一辆车子的辕木，一块挂着的破布，一堵墙壁的角落，神像胸前挂着的一条金项链。房顶的玻璃球向四周散射出光芒，就像是一颗颗巨大的钻石。

请问哪些词语在你阅读的选段中出现过？

舵、闪烁、破布、阴影、链子、闪闪发光

90 图形记忆

请你用 1 分钟记住图形方阵，或根据自己的能力调整时长，然后盖住图片等待 5 分钟，再根据记忆里的方阵，写出所有红色底图形的坐标。

先写列，再写行，例如：（7，1）。

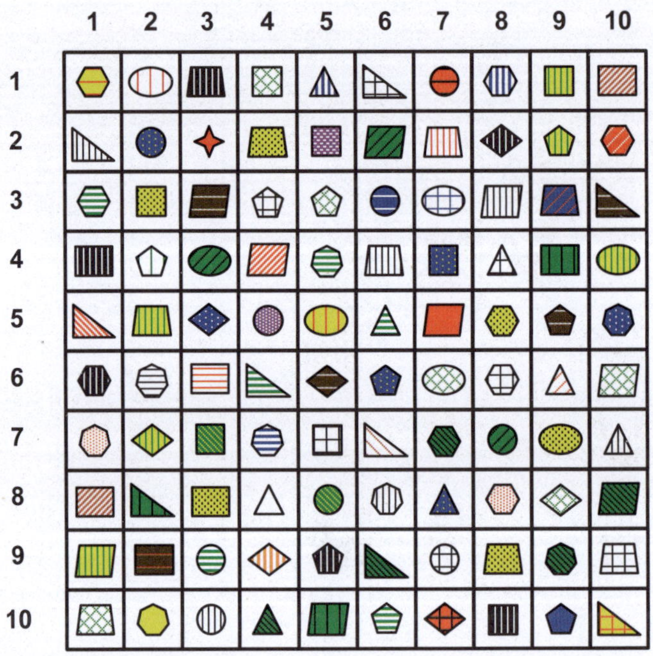

91 天使与魔鬼

请阅读丹·布朗《天使与魔鬼》中的选段，然后完成题目。

她把话筒搁在桌上，按摩着自己的颈背。要精准地判断对方是否在恶作剧从来就不是一件有十足把握的事，但刚刚那位先生用电话成功地通过了两次验证性的询问，即使他拒绝留名且不愿意多说。如果是恶作剧或是有意欺骗的话，他是不可能这样做的。

请按照词语出现的先后顺序给以下选项进行排序：

A. 拒绝　B. 做　C. 搁　D. 按摩　E. 通过　F. 愿意

时间

92 数字方阵

请你用 1 分钟记住数字方阵，或根据自己的能力调整时长，然后盖住方阵等待 5 分钟，再按从左往右、从上往下的顺序，依次说出方阵中圆形的颜色及数字。

93 符号方阵

请你用 30 秒记住数字与符号的对应关系，或根据自己的能力调整时长，然后盖住提示等待 5 分钟，再用符号代替左下图中的数字，并正确填写空白方阵。

1 = $;　2 = + ;　3 = \ ;　4 = ^

1	1	4	3
3	2	1	2
2	4	3	1
2	1	2	4

94 海底世界

请你用 1 分钟记住海洋动物方阵，或根据自己的能力调整时长，然后盖住图片等待 5 分钟，再按从左往右、从上往下的顺序，用字母代替海洋动物方阵中的图片，并对应填写空白表格。

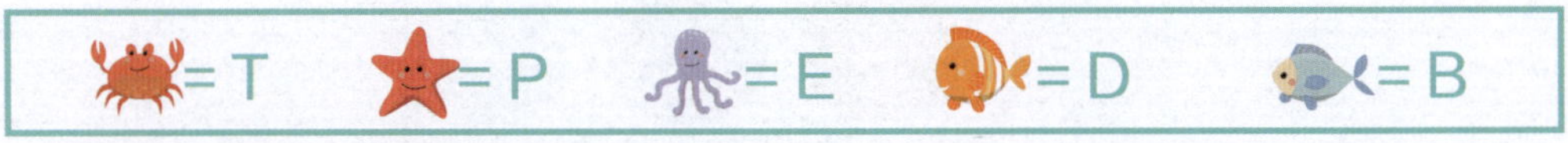

95 鸡尾酒

请你用 1 分钟记住鸡尾酒配料表，或根据自己的能力调整时长，然后盖住配料表等待 5 分钟，再完成题目。

伏特加酒	绿柠檬	气泡水	糖浆
草莓	覆盆子	红醋栗	

请问下列哪种材料是多余的？

A. 伏尔加酒　B. 黄柠檬　C. 气泡水　D. 糖浆　E. 欧洲越橘

F. 草莓　G. 覆盆子　H. 红醋栗　I. 绿柠檬

96 水果格子

请你用 15 秒记住水果与数字的对应关系，然后盖住提示等待 5 分钟，再对照左图，将水果对应的数字填入右侧的空白表格中。

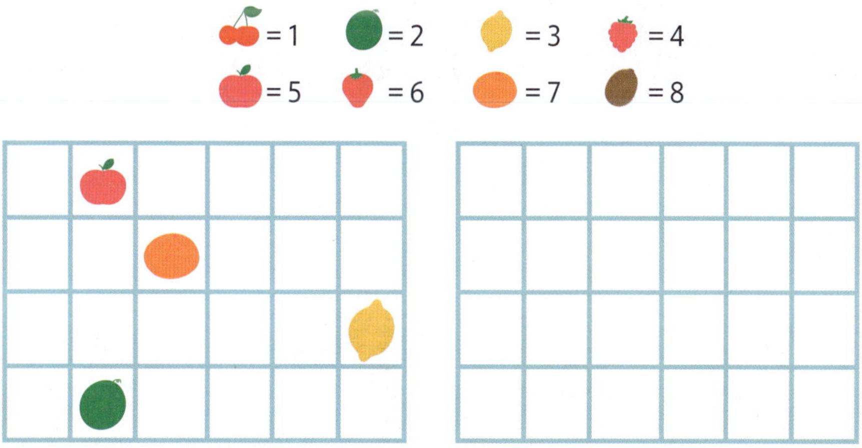

97 色彩方阵

请你用 1 分钟记住图片细节，或根据自己的能力调整时长，然后盖住图片等待 5 分钟，再按从左往右、从上往下的顺序依次说出圆形的颜色。

98 热带鱼 2

请你用 15 秒观察热带鱼图片，然后盖住图片，再完成题目。

请将下图与记忆里的图片对比，说出消失的鱼的特征。

99 餐具方阵

请你用 30 秒记住方阵内容，或根据自己的能力调整时长，然后盖住图片等待 5 分钟，再按从左往右、从上往下的顺序依次说出餐具的名称。

100 动物方阵 2

请你用 1 分钟记住动物方阵，或根据自己的能力调整时长，然后盖住方阵图等待 5 分钟，再按从左往右、从上往下的顺序，用字母代替动物方阵中的图片对应填写空白表格。

101 种花

请你用 30 秒观察盆栽植物图片，然后盖住图片，再回答下列问题。

请问香芹种在哪个盆中？

102 小鸟方阵

请你用 1 分钟记住小鸟方阵，或根据自己的能力调整时长，然后盖住方阵图等待 5 分钟，再按从左往右、从上往下的顺序，用数字代替小鸟方阵中的图片对应填写空白表格。

103 新鲜蔬菜

请你用 30 秒记住蔬菜图，或根据自己的能力调整时长，然后盖住图片等待 5 分钟，再按从右往左的顺序说出蔬菜名称。

104 魔鬼与上帝

请你认真阅读《魔鬼与上帝》的剧本选段，然后盖住选段回答下列问题。

格茨：我的兄弟们，我还会回来的。这里有我的上帝，这里有我的幸福，这里有我爱的人，我还会回来的。这是希尔达，我把你们托付给她。如果我不在的时候，有人要把你们招募进这一派或那一派，那么请不要为他们去战斗。如果有人威胁你们，那么请用爱来对抗这些威胁。请记住我的兄弟们，请记住：爱能击败战争。

请问下列词语在选段中分别出现了几次？

这里、兄弟们、记住

105 瓢虫方阵

请你用 1 分钟记住瓢虫方阵的细节，或根据自己的能力调整时长，然后盖住方阵等待 5 分钟，再按从左往右、从上往下的顺序，说出每只瓢虫身体的颜色及身上圆点的颜色。

106 小猫方阵

请你用 1 分钟记住小猫方阵，或根据自己的能力调整时长，然后盖住图片等待 5 分钟，再按从左往右、从上往下的顺序，用字母代替小猫方阵中的图片，并对应填写空白表格。

107 动物园 2

请你用 30 秒记住下列各动物的细节，或根据自己的能力调整时长，然后盖住图片等待 5 分钟，再按从右往左的顺序说出动物的名称。

108 球鞋

请你用 1 分钟记住球鞋方阵，或根据自己的能力调整时长，然后盖住图片等待 5 分钟，再按从左往右、从上往下的顺序，用数字代替球鞋方阵中的图片，并对应填写空白表格。

109 词语表

请你用 1 分钟记住下列词语，或根据自己的能力调整时长，然后盖住表格等待 5 分钟，再完成题目。

鸵鸟	白鲸	单座飞机	巧克力	骆驼
面粉	游泳池	猩猩	乌鸫	长颈鹿

请按倒序背出上述词语。

110 小猫和小狗

请你用 1 分钟记住宠物方阵，或根据自己的能力调整时长，然后盖住方阵等待 5 分钟，再按从左往右、从上往下的顺序，说出动物种类及其身上的主要颜色。

111 彩色图形

请你用 30 秒观察彩色图形，然后盖住方格图，将代表不同图形的序号对应填入空白方阵图中。

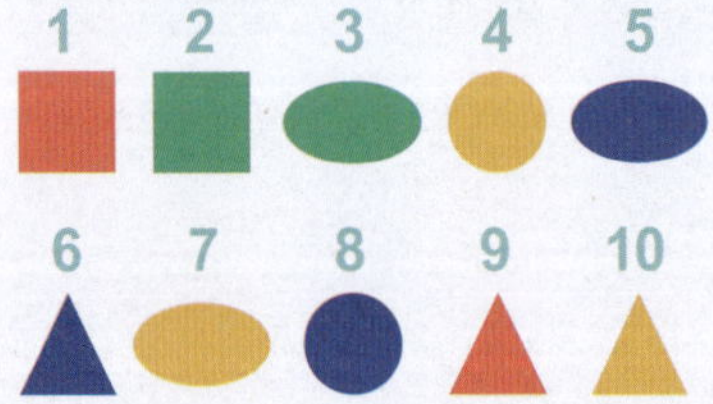

112 万圣节方阵

请你用 1 分钟记住方阵细节，或根据自己的能力调整时长，然后盖住方阵等待 5 分钟，再按从左往右、从上往下的顺序，用字母组合代替方阵中的图片，并对应填写空白表格。

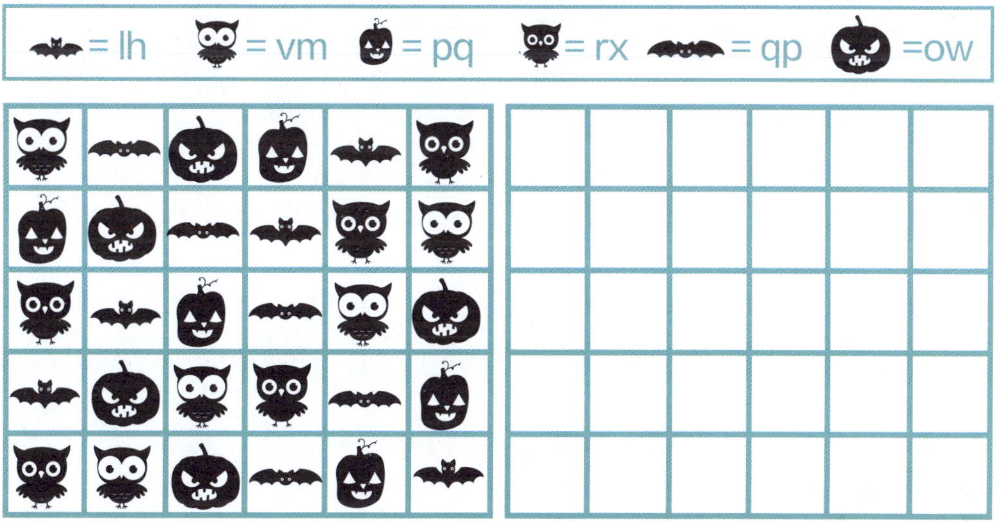

113 礼帽

请用 30 秒观察礼帽图片，然后合上书本，再在另一张纸上画出礼帽。

114 海洋动物

请你用 1 分钟记住图片细节，或根据自己的能力调整时长，然后盖住图片等待 5 分钟，再按从左往右、从上往下的顺序，跳过陆地动物，说出各海洋动物的名称。

115 数字串

请你用 1 分钟记住数字串，再盖住数字串，复写出来。

545369562524631811471914297233683412456190

---

116 花朵方阵

请你用 30 秒记住花朵与数字的对应关系，然后盖住提示等待 5 分钟，再对照左图，将花朵对应的数字填入右侧的空白表格中。

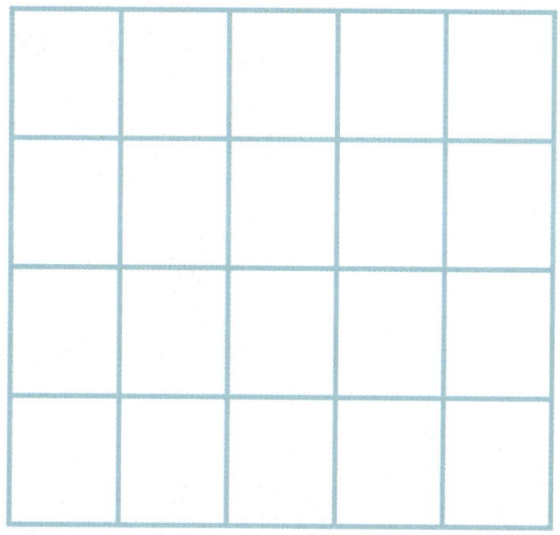

117 字符串 2

请你用 1 分钟观察字符串，然后盖住字符串，完成题目。

® : π © # Δ $ @ = Ξ

请回答下列问题：

（1）请问哪个符号在“:”的右边？

（2）请问哪个符号在“#”和“$”的中间？

（3）下列哪个选项的字符组合在字符串中出现过？

A. ® π ©

B. π : ®

C. = Ξ Δ

D. π © #

E. $ @ Ξ

118 黄色六边形

请圈出所有黄色六边形，并在另一张纸上默写出这些图形的坐标。

119 数字与符号 1

每张动物图片对应着数字、符号组合。请用数字、符号组合代替方格里的图片，并正确填写在右侧空白方格中。

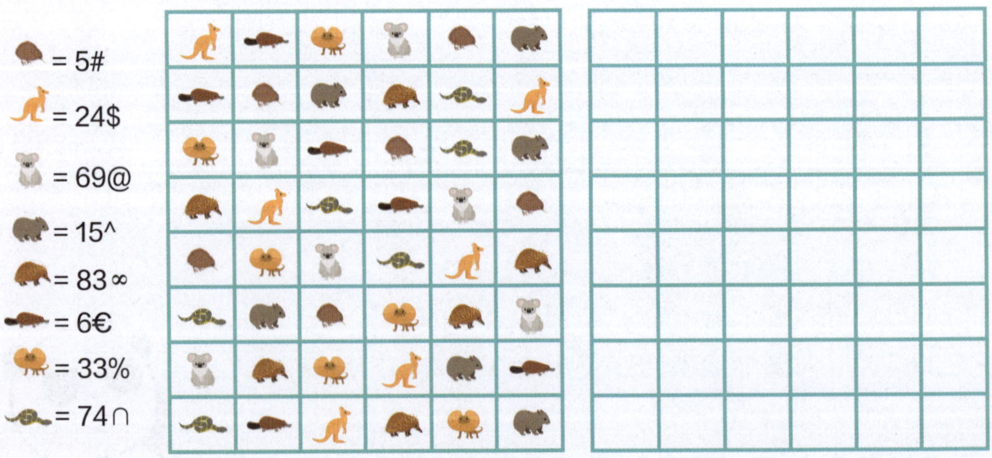

120 数字与符号 2

请你用 15 秒记住符号与数字的对应关系，然后盖住提示等待 5 分钟，再对照左下图，将数字对应的符号填入空白表格中。

1 = @； 2 = >； 3 = &； 4 = %

2	1	3	3
2	2	4	1
1	1	2	3
4	3	1	2

121 饮料方阵

每张饮料图片对应字母、符号各一个。请用字母与符号代替方格里的图片，并正确填写空白方格。

122 多彩图片

请你按照从左往右、从上往下的顺序，说出方格中图形的名称及其颜色，例如五边形、橘色。

请记录所用时间，并重复练习以提升速度。

123 水果图

请你用 1 分钟观察下列水果图，然后盖住水果图，并按从左往右的顺序说出水果的名字。

124 圣诞球

请你用 30 秒观察圣诞球图片，然后盖住图片，完成题目。

请问哪个选项的图片与你观察的图片是一致的?

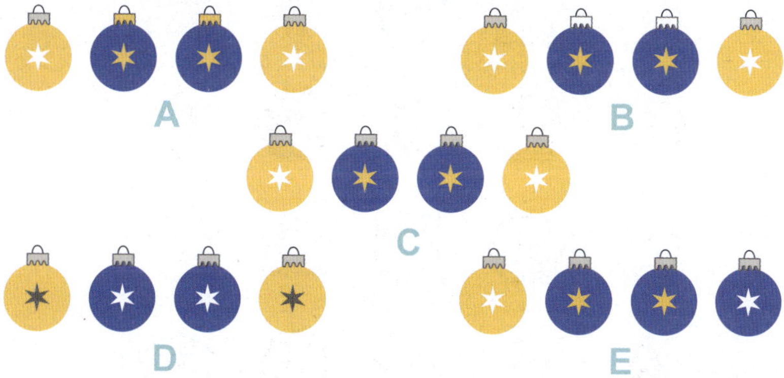

125 纽扣

每个纽扣图片对应着两个字母。请你用字母代替方格里的图片，并正确填写空白方格。

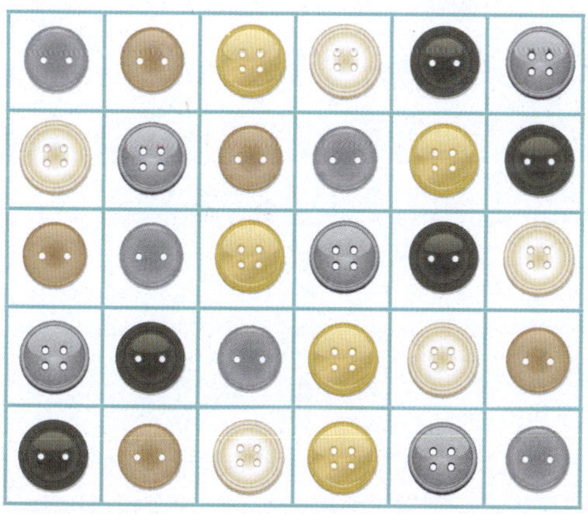

126 图形与数字

请你按照从左往右、从上往下的顺序，说出方格中图形的名称及颜色、数字，例如六边形、灰色、8。

请记录所用时间，并重复练习以提升速度。

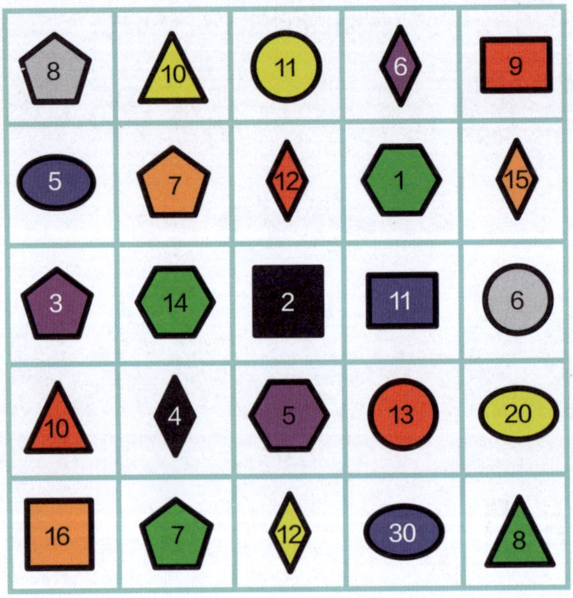

127 兔子

请你用 1 分钟记住兔子细节，或根据自己的能力调整时长，然后盖住图片等待 5 分钟，再在另一张纸上画出兔子。

128 熊的故事

请认真阅读詹姆斯·奥利弗·柯尔伍德《熊王托尔》中的选段，然后盖住选段，回答下列问题。

很明显第二头熊是母熊，因为跟它一起的大褐熊停了下来准备战斗，保护着后退的母熊。如果猎狗群成功地困住它十到十五分钟，那么熊就没有全身而退的机会了。然后，布鲁斯和美图森就有时间及时到达战斗地点并跟熊保持起码一百米的距离。

它呼唤着它的同伴撤退，并开始沿着小径往前奔。前面的两百米，它毫不费力地向前跑着，但小径分成了几道满是光滑岩石的倾斜小路，仅仅五十米的距离就花了它五分钟——再往前的路更是难走。

很明显第____头熊是母熊，因为跟它一起的____停了下来准备战斗，保护着后退的母熊。如果猎狗群成功地____十到十五分钟，那么熊就没有全身而退的机会了。然后，布鲁斯和美图森就有时间及时到达____地点并跟熊保持起码一百米的距离。

它呼唤着它的____撤退，并开始沿着小径往前奔。前面的两百____，它毫不费力地向前跑着，但小径分成了几道满是光滑____的倾斜____，仅仅____米的距离就花了它五分钟——再往前路更是难走。

129 小丑

请你用 1 分钟记住小丑图片，或根据自己的能力调整时长，然后盖住图片等待 5 分钟，在另一张纸上画出来。

130 窄门

请认真阅读安德烈·纪德《窄门》中的选段，然后盖住选段文字，回答下列问题。

太阳被一片云遮住了片刻后，重新出现在地平线上，几乎就在我们的对面，光芒一下子洒满了空旷的田野，照亮了从我们脚下延伸开的小山谷；然后，又消失了。我头晕目眩地站着，沉默着。我感觉自己被这种金光灿灿的眩晕包裹着，渗透着……我的感官消失了，唯一能感受到的只有爱。

请问下面哪些词语在你阅读的选段中出现过？

金光灿灿、出现、感受、眩晕、落下、片刻、地球、颤抖

131 形状与数字

按从左往右、从上往下的顺序，大声说出方格中每个形状的名称及其数字，例如圆形、7。

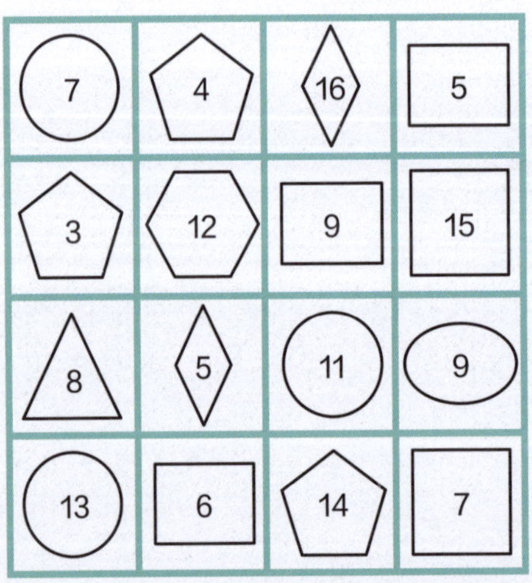

时间

132 小动物

每张动物图片对应着两个字母。请用字母组合代替方格里的图片，并正确填写新方格。

133 暗流

请认真阅读让－克里斯托夫·格朗热《暗流》中的选段，然后盖住选段，回答下列问题。

然而，他转了一圈却毫无收获。他注视着海岸边，海浪翻卷着白色的泡沫，缠绕着堤坝上的木桩。这番景象让他联想到大片的柏油。他似乎到了一个荒无人烟的不毛之地。孩童的记忆闯入他的脑海：在匹诺曹的神秘小城中，那些脏小孩会受到诱惑被陷阱抓获，然后被变成毛驴。

请按词语出现的顺序，给下列选项排序：

A. 转　　B. 不毛之地　　C. 闯入　　D. 翻卷

E. 注视　　F. 联想　　G. 变成

134 小鱼方阵

每张小鱼图片对应两个字母。请用字母组合代替方格里的图片，并正确填写空白方格。

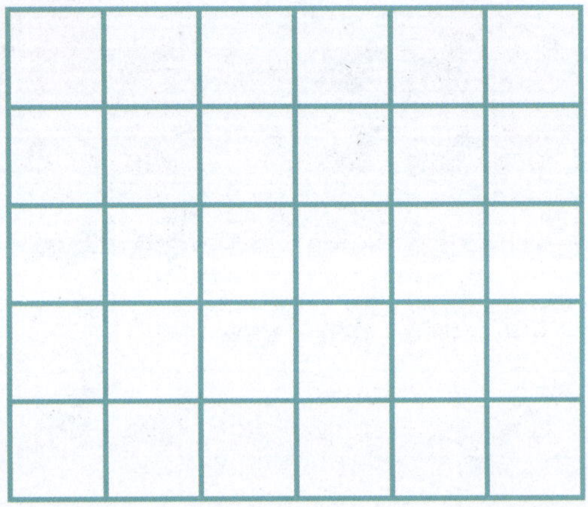

135 蒲公英

请你用 1 分钟观察蒲公英图片，然后盖住图片，将代表蒲公英的序号对应填入空白格子中。

136 野生动物 3

请你按照从左往右、从上往下的顺序，并跳过家禽与家畜，说出每一只野生动物的名称。

请记录所用时间，重复练习以提升速度。

137 复原图形

请你用 1 分钟记住下列图形，然后盖住图形，将它们画出来。

138 挖掘机

每张挖掘机图片对应一个符号。请用符号代替方格里的图片，并正确填写空白方格。

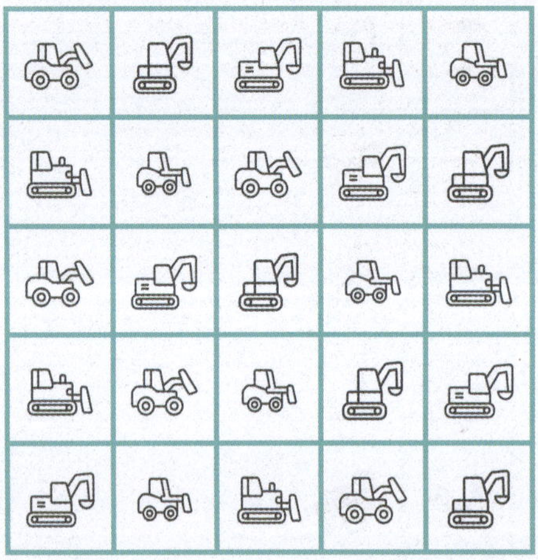

139 凯撒沙拉

请用1分钟阅读凯撒沙拉配料表，然后挡住配料表，再回答下列问题。

1根长叶莴苣	1小袋面包	4个鸡蛋
80克帕尔马干酪	4块鳀鱼	1瓣大蒜
1勺橄榄油	半个柠檬	少许盐
少许胡椒粉		

请问哪些配料是多余的，以及缺少什么配料？

1瓣大蒜、2勺橄榄油、半个柠檬、少许盐、2根长叶莴苣、1小袋面包、80克帕尔马干酪、5个鸡蛋、3块鳀鱼

时间

140 蜥蜴

每张蜥蜴图片对应两个字母。请用字母组合代替方格里的图片，正确填写空白方格。

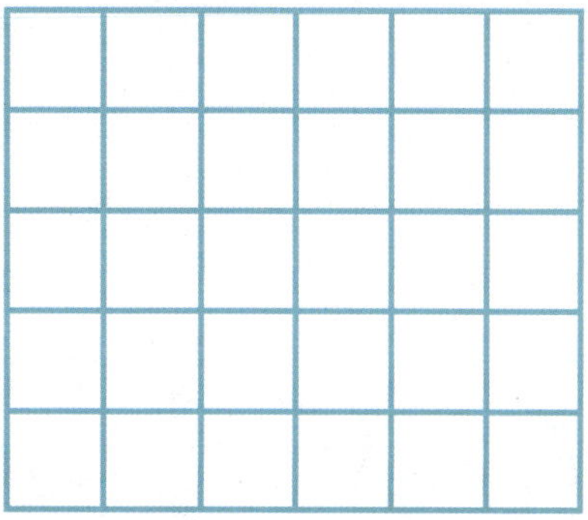

141 毛毛虫

请你用 1 分钟认真观察毛毛虫，然后合上书本，并说出从毛毛虫头部到每一节身体的颜色。

时间

142 不同动物

请你按照从左往右、从上往下的顺序，并跳过所有鸟类和鱼类，说出哺乳动物、昆虫的位置，例如第一行第三列是昆虫，第一行第五列是哺乳动物。

请记录所用时间，重复练习以提升速度。

143 字母串

请你用 2 分钟记住下列字母，再盖住这行字母，复写出来。

wDotvWTGKYdsAmfZCelhNOrBsJFAdmsUgjPQBwCoy

144 词语方格

请你用 30 秒观察下方表格，然后盖住表格，将代表不同单词的序号对应填入空白表格中。

瓦片				
树叶	嘴			
		苹果酒		

1 苹果
2 脸
3 树叶
4 苍蝇
5 嘴
6 郁金香
7 苹果酒
8 瓦片

145 昆虫方阵

每张昆虫图片对应一个数字。请用数字代替方格里的图片，并正确填写空白方格。

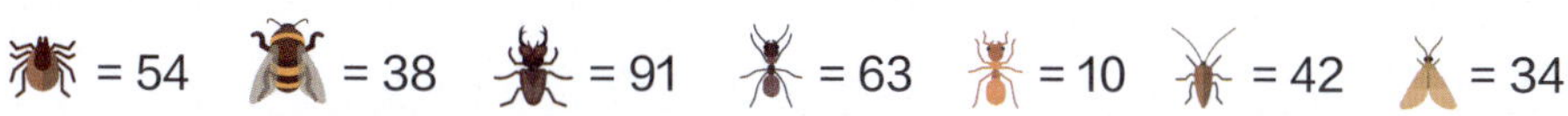

146 树叶图

请你用 1 分钟观察树叶图片，然后盖住图片，并说出第二行中缺少了哪一张树叶图。

147 弓箭手的女儿

请认真阅读塞尔日 · 布鲁梭罗《弓箭手的女儿》中的选段，然后盖住选段，回答下列问题。

在城墙脚下，一个集市出现了，集市上聚集着各种颜色鲜亮的帐篷。

喧闹声响彻天际，空气中弥漫着浓郁的气味。才下过的暴雨把地面变成了一片泥潭，路上的行人艰难地跳着向前走，然而靴子上、尖头鞋上还是沾染了泥浆。那些夫人们沿着地上铺的木板向前走，试图不让泥浆沾上自己的衣裙。那些吃饱了蜂窝饼、喝足了苹果酒的人强忍着肠胃不适，看到灯芯草屏风或帐篷终于舒了一口气。

请回答下列问题。

（1）集市在哪里？

（2）大雨把地面变成了什么？

（3）行人的哪些东西沾上了泥浆？

（4）女士们是怎么挽救她们的长裙的？

（5）选段里的人会吃什么？

148 字母与颜色

请你按照从左往右、从上往下的顺序，说出方格中的字母及其颜色，例如黄色的 p，紫色的 q。

请记录所用时间，并重复练习以提升速度。

pq	qb	bd	bp	dq
db	dp	pb	dp	db
qp	bq	dp	bd	dp
bq	dq	pb	dp	bp
db	bd	qd	pb	qb
bp	qp	bq	dq	pd

149 自由的鱼

请你用 1 分钟认真观察右图，然后将代表不同鱼类的序号对应填入空白方格中。

150 记忆图形

请你用 1 分钟观察下图，然后盖住图片，在另一张纸上画出它。

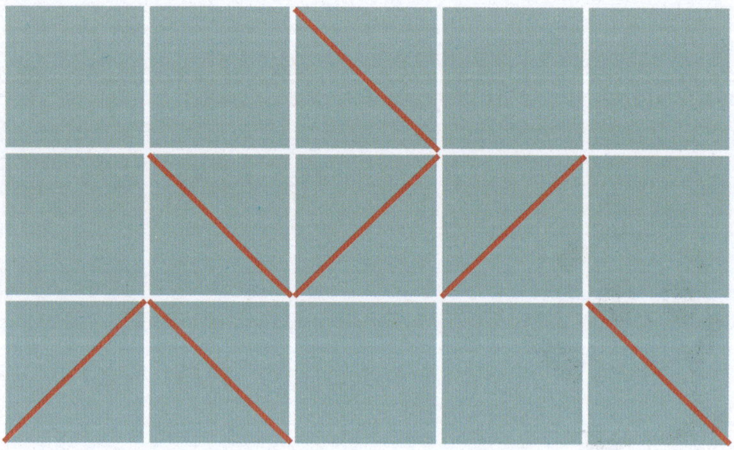

151 记忆组合

请你记住每一行的数字与字母组合，然后盖住表格，并按升序说出每一行的数字，按字母表顺序说出每一行的字母。

1	6	P	2	F				
2	3	K	7	G	0			
3	4	U	1	R	3	Q		
4	5	E	9	B	7	J	8	
5	7	V	9	S	6	P	4	U

152 马匹

请你用 1 分钟观察马匹图片，然后盖住图片，选出刚才观察过的马。

A　　B　　C　　D　　E

153 字母组合 1

每张图片对应两个字母。请用字母组合代替方格里的图片，并正确填写空白方格。

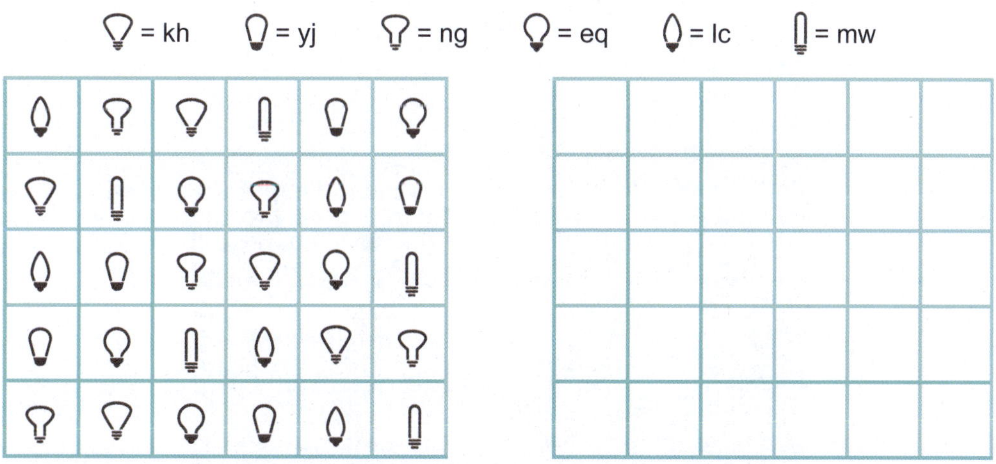

时间

154 彩色数字

请你按照从左往右、从上往下的顺序，说出方格中的数字及其颜色，例如 49、蓝色。

请记录所用时间，重复练习以提升速度。

49	83	37	66	54	2	13	72
61	20	32	68	70	75	30	38
88	96	17	94	80	5	90	8
74	53	95	9	60	77	42	37
76	6	82	14	79	26	31	18
30	15	23	13	92	61	13	69
71	28	0	17	36	54	35	6
13	47	80	92	62	89	26	40

155 农场动物

请你用 1 分钟观察农场动物图，然后盖住图片，尽可能详细地列举出图片中的动物名称。

156 恐龙方阵

每张恐龙图片对应两个字母。请用字母组合代替方格里的图片，并正确填写空白方格。

157 符号串

请你用 2 分钟记住下列符号，再盖住这行符号，复写出来。

ΧΕΗΥΒΨΘΛΖΔΞΥΣΓΩΙΤΦΔΞΝΣΩΠΘΑΨΦΔΞΗΠ

---

158 魔法棒

请你用 1 分钟认真观察魔法棒，然后盖住图片，选出你刚才看到的魔法棒。

A　　B　　C　　D　　E

159 瓶瓶罐罐

每张瓶子图片对应两个字母。请用字母组合代替方格里的图片，并正确填写空白方格。

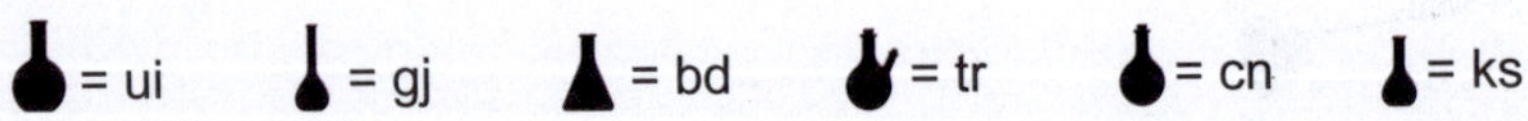

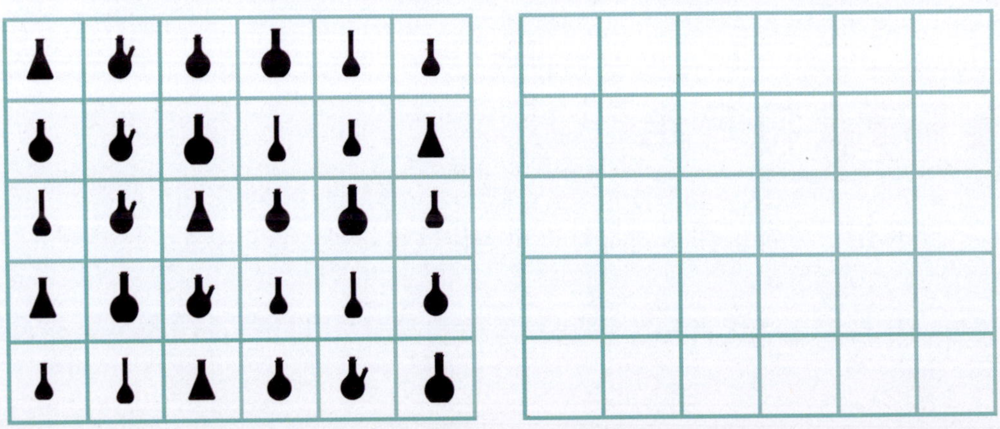

160 圣诞树

请用2分钟观察圣诞树，然后盖住图片，完成下列题目。

（1）圣诞树的顶部有什么装饰物，这个装饰物是什么颜色的？

（2）圣诞树上有几个蓝色球？

（3）彩带是什么颜色的？

（4）圣诞树上，一共有几个圣诞球？

（5）彩带是绕树三圈，对吗？

161 几何图形

请用 30 秒观察几何图形，然后盖住表格，将代表不同图形的序号对应填入空白表格中。

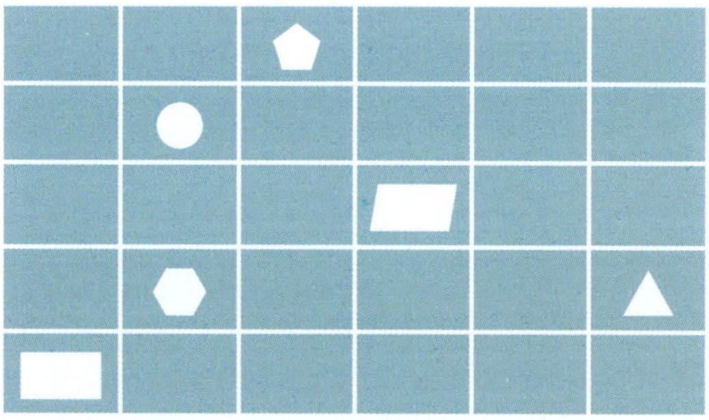

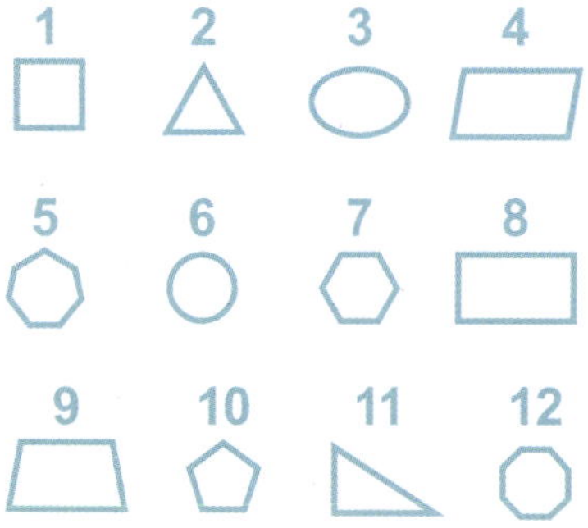

162 小鸟叽喳

每张小鸟图片对应大写字母、小写字母各一个。请用字母组合代替方格里的图片，并正确填写空白方格。

163 多对角

每张图片对应大写字母、小写字母各一个。请用字母组合代替方格里的图片，并正确填写空白方格。

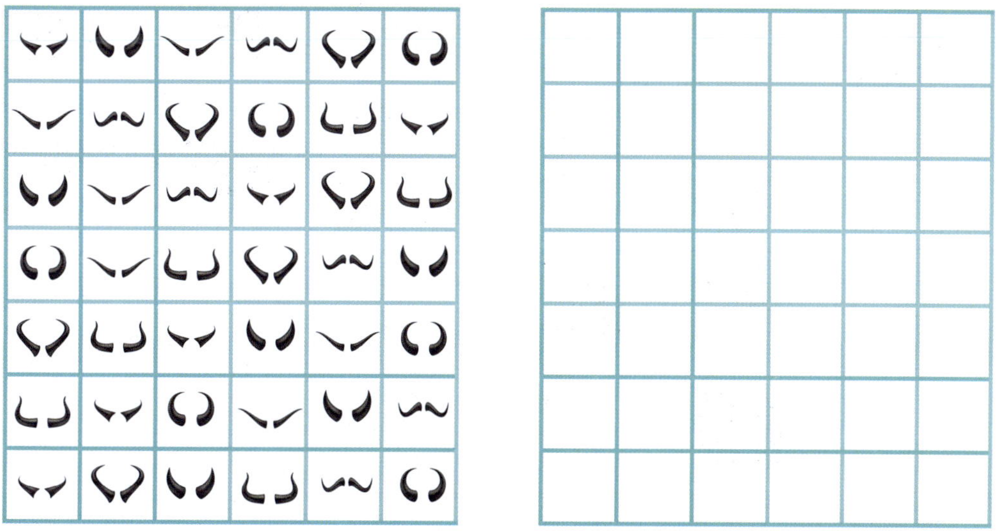

164 啤酒杯

请你用 1 分钟观察下图，然后盖住图片，复述每个杯子的位置。

165 动物们

请你用1分钟观察图片，然后盖住图片，并将代表不同动物的序号对应填入空白方格中。

166 苹果煎饼

请你记住制作苹果煎饼的步骤，然后盖住步骤文字，完成题目。

（1）在沙拉盆中放入250克面粉、1袋发酵粉和少许盐，然后进行搅拌。
（2）加入2个鸡蛋和2勺食用油。
（3）加入20毫升牛奶搅拌，做成一个软硬适中的面团。
（4）削4个苹果，切成圆片，并放置在盆中。
（5）在苹果上撒1袋香草糖粉。

请问哪些配料是多余的，多了多少？

5个苹果　　350克面粉　　3个鸡蛋　　20毫升牛奶
2勺食用油　　1袋香草糖粉　　1袋发酵粉　　少许盐

167 猫科动物

每张动物图片对应字母、数字各一个。请用字母与数字组合代替方格里的图片，并正确填写空白方格。

 = R10　 = J93　 = Y44　 = H70　 = T57

 = V68　 = O37　 = F76

168 多彩格子

请你按照从左往右、从上往下的顺序，说出小写字母及其颜色、大写字母及其颜色、格子的颜色。例如 w、红色，Q、卡其色，黄色。

请记录所用时间，并重复练习以提升速度。

Qw	We	cP	Tj	Ld	hM
xL	Qc	Ft	cQ	rV	Nd
Li	aT	Ab	Bu	Sf	rY
pJ	Th	xE	Kg	Ho	gN
jA	Zi	Rd	uF	sP	pU
tP	aK	Mi	dQ	sW	nL

169 小锁方阵

每张图片对应一个数字。请你用数字代替方格里的图片，并正确填写空白方格。

170 蜡烛方阵

每支蜡烛图片对应大写字母、小写字母各一个。请用字母组合代替方格里的图片，并正确填写空白方格。

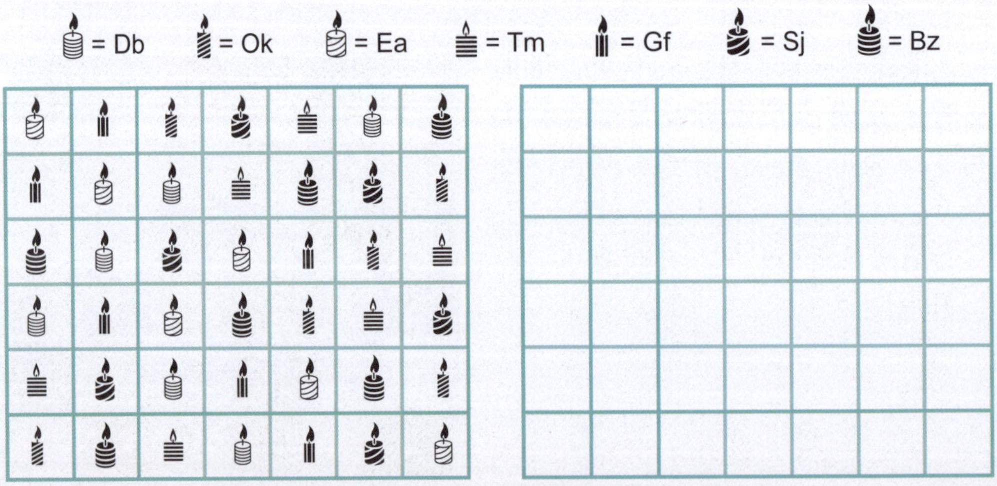

171 记忆物品

请你用 1 分钟认真观察下方图片，然后盖住图片，列举出图片中的物品名称。

172 记忆单词

请你用 30 秒观察下方图片，然后盖住图片，将代表不同单词的序号对应填入空白表格中。

			Tapis		
				Mirage	
Guide				Cartouche	
	Clocher				

1 Carnet　2 Mirage　3 Otage　4 Clocher　5 Tour
6 Cartouche　7 Rêne　8 Guide　9 Osier　10 Tapis

173 花色表格

请用 30 秒观察表格，然后盖住表格，将代表不同花色及数字的序号对应填入空白表格中。

				7♥	
	6♣		7♠		
A♦					4♣
	9♥				
		6♠			

1	2	3	4	5	6	7
9♥	4♣	3♦	8♦	5♠	7♥	A♠

8	9	10	11	12	13	14
A♦	2♥	9♣	6♣	6♠	5♦	7♠

174 园丁

请你用30秒观察园丁图片，然后盖住图片，选出刚才没有出现的园丁。

A B C D E

175 浮生梦

请阅读达芙妮·杜穆里埃《浮生梦》中的选段，然后盖住选段文字，回答问题。

我穿过树林走上一条小径，它是这个产业的一部分，周围是特伦特的田地和种了树的大道。

昂布瓦斯更喜欢在这儿散步。如果想要看南部的灯塔以及山谷中一直延伸到外海的树林全貌，那么这里应该是我们这片土地的最高点了。昂布瓦斯和他的父亲沿路种植的这些树掩蔽了散步的路线，但是并没有高到可以遮住整个视野。五月时，风信子会覆盖周围的草地。在路的尽头，树林的顶端，瞭望屋的坡道前，昂布瓦斯竖了一块花岗岩。

请问在选段文字中，以下词语出现了几次：

树、小径、散步、昂布瓦斯、树林

176 树叶方阵

每张树叶图片对应两个字母。请用字母组合代替方格里的图片，并正确填写空白方格。

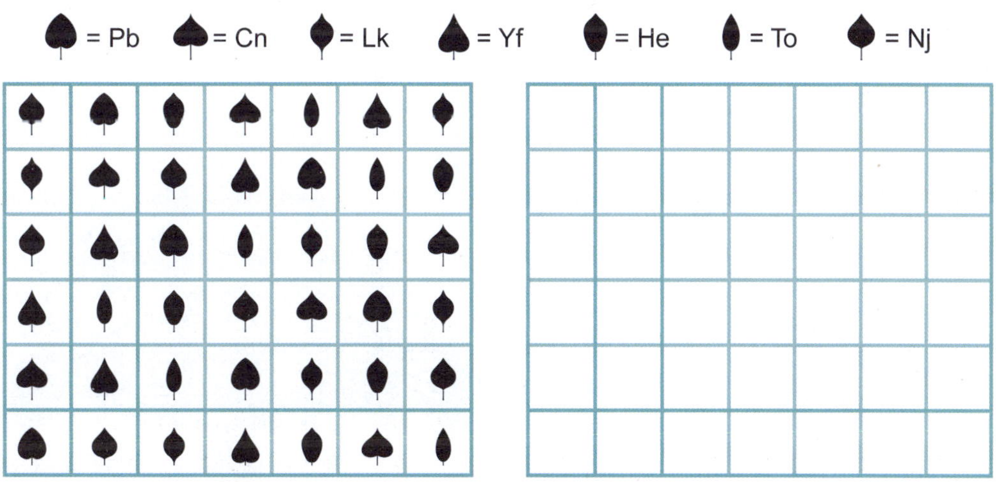

177 瓢虫方阵

请你按照从左往右、从上往下的顺序，说出每一只瓢虫身体的颜色及其身上圆点的数量、颜色。例如黑色、2 个圆点、红色。

请记录所用时间，重复练习以提升速度。

178 小乌龟

请你用 30 秒观察乌龟图片，然后合上书本，在另一张纸上画出它。

179 蔬菜圈

请你用 30 秒观察蔬菜图片，然后盖住图片，并从胡萝卜开始以逆时针方向说出蔬菜名称。

180 家具与位置

请你按照从左往右、从上往下的顺序，说出家具的名称及这种家具会出现在室内的什么区域。例如沙发、客厅。

请记录所用时间，重复练习以提升速度。

181 UFO

每张 UFO 图片对应一个数字。请用数字组合代替方格里的图片，并正确填写空白方格。

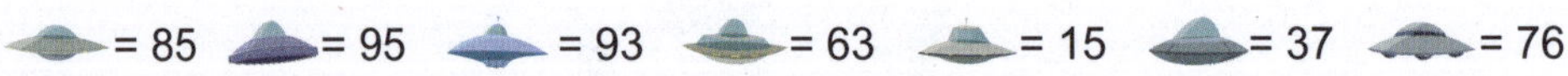

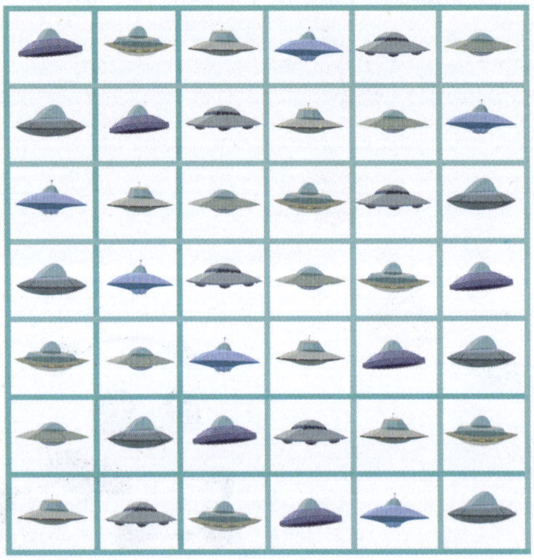

182 袜子

请你用 30 秒观察左下方的袜子图片，然后盖住图片，从右边选项中选出刚才看到的袜子组合。

183 箭头

请你按照从左往右、从上往下的顺序，说出每个箭头在顺时针旋转 90 度后所指的方向，例如箭头指向右，你应该说“下”。

请记录所用时间，重复练习以提升完成练习的速度。

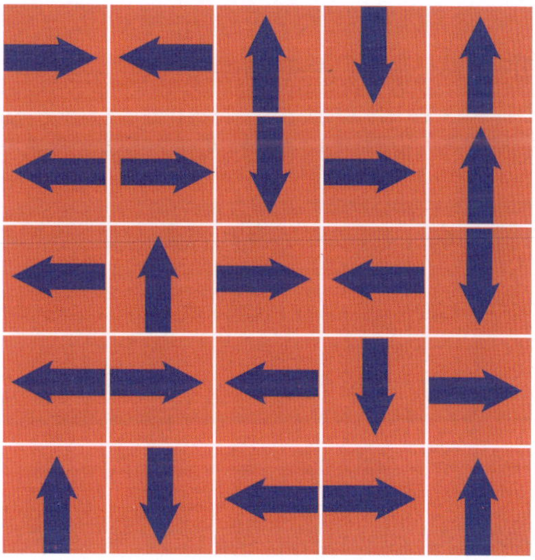

184 百合与雄狮

请阅读莫里斯·德吕翁《百合与雄狮》中的选段，然后完成题目。

他的手重新抬起来，犹豫着指向头顶绿色的小梨。等待一个水果的成熟，这是他所有的期盼，也是他最远大的计划了。他已经失明几个月了。亲朋、动物、树木再也看不清楚，就像隔着一层水幕。他曾是充满活力的重要人物，他到处旅行，并作为皇室的顾问，参加各种大型活动；而如今，他只能待在自己的花园里，思维迟钝，目光模糊，内心孤独，甚至被遗忘，除非有人需要他，他才会被记起……

请问下列哪些单词在你阅读的选段中出现过？

许多、花朵、希望、窗帘、期盼、水果、树木、地球、亲朋

185 球类方阵

每张球类图片对应字母、数字组合。请用字母、数字组合代替方格里的图片，并正确填写空白方格。

186 蔬菜组合

请你用 1 分钟认真观察右下图，然后盖住图片，完成下列题目。

（1）胡萝卜的左边是什么？
（2）图中共有哪几种颜色的甜椒？
（3）蘑菇的上方是什么？
（4）第四行最左侧的蔬菜是什么？
（5）南瓜的上方是什么？

187 图形、颜色与数字

请你按照从左往右、从上往下的顺序，说出方格中图形的名称及其颜色、数字，例如五角星、灰色、16。

请记录所用时间，并重复练习以提升速度。

188 复原符号

请你用 1 分钟记住符号串，然后盖住符号串，将它复写出来。

#©@&%!$¥}?±[°+^¦~≤∞√✓☺♎“×$@<:*(]/‰⁝¯‰€∩

189 糕点方阵

每张糕点图片对应字母、箭头各一个。请你用箭头组合代替方格里的图片，并正确填写空白方格。

= B←　= G↑　= D↓　= Y→　= L↗　= F↖　= S↘　= P↙

时间

190 指示标

请你用 1 分钟观察下图，然后盖上图片，将代表不同指示标的序号对应填入空白方格中。

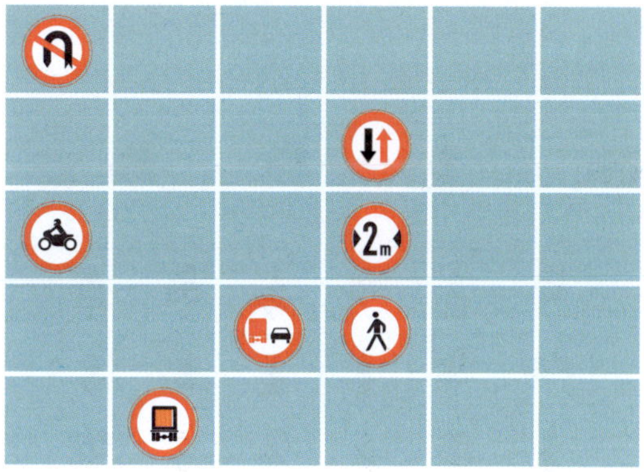

191 字母与颜色

请你按照从左往右、从上往下的顺序，说出所有方格中的字母及其颜色，然后从第一行的第一个格子重新开始，先说出颜色，再说出字母。

请记录所用时间，重复练习以提升速度。

p	d	p	b	q	d
q	b	d	p	b	q
b	d	b	d	p	b
d	p	b	p	q	d
b	d	p	q	d	q
p	q	p	d	b	p

192 小森林

每张树木图片对应符号、数字各一个。请你用符号组合代替方格里的图片，并正确填写空白方格。

= ✓45 = +82 = £59 = #61 = &48 = @16 = ?27 = *93

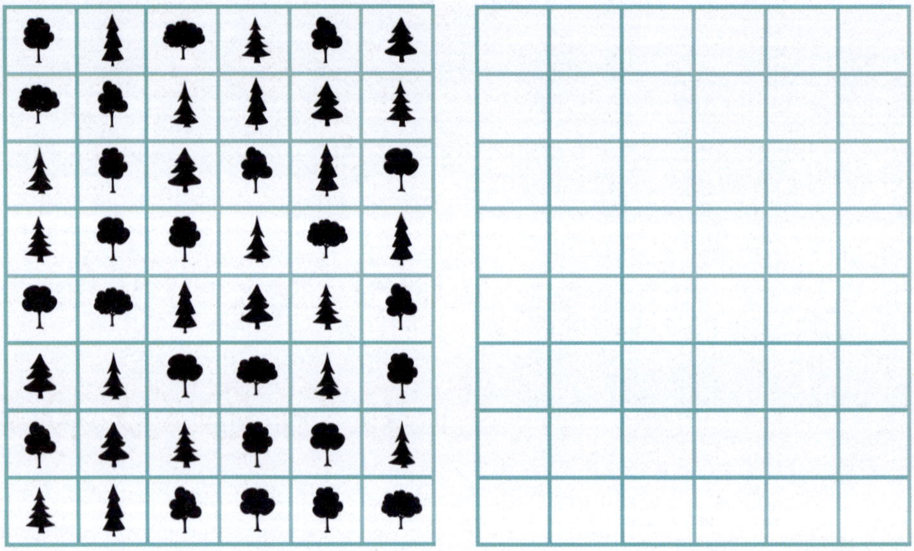

193 小花园

请你用 2 分钟观察下列两张花园图片，并在右下图中圈出改变了位置的物件。

194 盆栽

请你用 2 分钟观察下图，然后盖住图片，指出哪个盆种了香菜，哪个盆种了百里香，哪个盆种了薄荷及哪个盆种了香芹？

195 字母组合 2

请你按照从左往右、从上往下的顺序，说出所有方格中的小写字母及其颜色、大写字母及其颜色，然后从第一行的第一个格子重新开始，先说出大写字母及其颜色，再说出小写字母及其颜色。

请记录所用时间，重复练习以提升速度。

Si	qR	Ce	hD	Be	Ps
Ka	cU	zL	Jq	Hi	hV
dN	Ro	Ey	nJ	Jb	uX
La	jM	kE	Ny	hK	Ap
Qi	uD	Rn	xL	uW	Lw
Lu	Fk	eU	cG	Yk	dR

参考答案

2 形形色色

5

5 卡片游戏

2

7 熊猫游戏

8 大数字

(1) 1, 2, 3, 4, 6, 7, 8, 9; (2) 2 个 6;
(3) 12 个数字

9 生日

10 圣诞彩球

(1) 红色和黄色; (2) 24; (3) 83

12 车标方格

<table>
<tr><td>29“</td><td>67✓</td><td>86”</td><td>55△</td><td>48×</td><td>12~</td></tr>
<tr><td>24|</td><td>20♎</td><td>86”</td><td>29“</td><td>55△</td><td>67✓</td></tr>
<tr><td>12~</td><td>55△</td><td>48×</td><td>20♎</td><td>67✓</td><td>24|</td></tr>
<tr><td>48×</td><td>20♎</td><td>24|</td><td>55△</td><td>86”</td><td>29“</td></tr>
<tr><td>12˜</td><td>67✓</td><td>20♎</td><td>48×</td><td>29“</td><td>55△</td></tr>
<tr><td>24|</td><td>48×</td><td>86”</td><td>12˜</td><td>29“</td><td>20♎</td></tr>
<tr><td>48×</td><td>55△</td><td>12˜</td><td>67✓</td><td>24|</td><td>86”</td></tr>
<tr><td>24|</td><td>12˜</td><td>20♎</td><td>29“</td><td>86”</td><td>67✓</td></tr>
</table>

13 动物卡片

16 蜡烛方格

14B	75A	63D	21F	56V	75A
63D	56V	14B	75A	44T	20X
21F	20X	56V	44T	82L	14B
44T	14B	21F	20X	63D	82L
56V	21F	75A	14B	82L	44T
75A	63D	82L	20X	21F	56V
20X	82L	44T	56V	75A	63D
82L	44T	20X	63D	14B	21F

17 庄家的眼力

黑桃 5

18 加密信息

CELINE、REMI、MARC、CLAIRE。

19 长方形

20 巧克力蛋糕

鸡蛋、朗姆酒、冻干块和黄油。

21 磨坊

（1）2 只鸭子；（2）带黑边的棕黄色草帽；（3）是的；（4）7 块斑纹；（5）是的

23 海滨浴场

紫、红、橙、黄、绿、蓝

26 记忆符号

（1）£；（2）©；（3）©；（4）Ω

27 集市

（1）不对；（2）不对；（3）不对；（4）对；（5）不对

28 玩具

29 气球 1

2 号。

30 芭蕾舞者 1

32 动物公司

青蛙、兔子、猫、鹦鹉、鱼、狗、荷兰猪、乌龟、蜥蜴

33 奇形怪状

3

35 停车场

(1) 1 辆红色小轿车；(2) 不对；(3) 不对；(4) 4 辆货车；(5) 对；(6) 不对；(7) 绿色；(8) 对

36 袋鼠

37 骑士

D

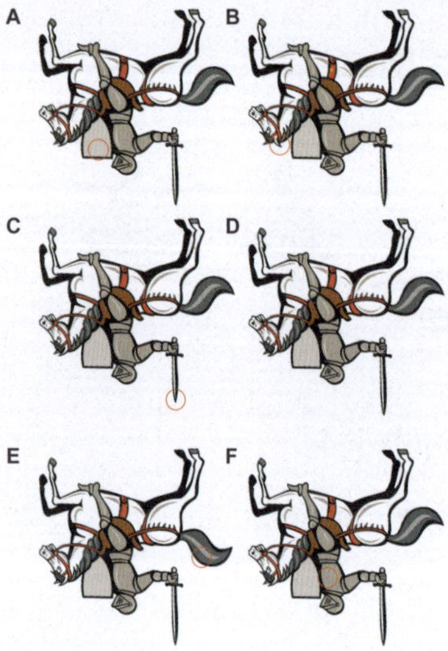

38 路线图

2 号路线图。

39 忙碌的一周

（1）不下雨的时候骑自行车，下雨的时候乘坐公交车或地铁；（2）练习瑜伽；（3）不是，每周二上塑形课；（4）每周六上午；（5）舞蹈课；（6）每天工作 7 小时

40 山雀

43 刀叉

44 字符串 1

（1）&；（2）？；（3）%；（4）§

45 冬季运动

（1）9 颗球；（2）蓝色；（3）3 颗；（4）不对，是黄色；（5）6 块石头

46 鸟 1

5			3
		4	
6		2	
1			

47 菜园

	4	5	
7		2	
			3
	1	6	

49 天气预报

（1）5℃；（2）周三；（3）7℃；（4）不会；（5）周一

51 骰子游戏

（1）24；（2）10；（3）8；（4）2

52 雨伞 1

紫色雨伞 4 把，蓝色雨伞 6 把，橙色雨伞 7 把，黄色雨伞 6 把，红色雨伞 7 把，绿色雨伞 4 把。

53 日程

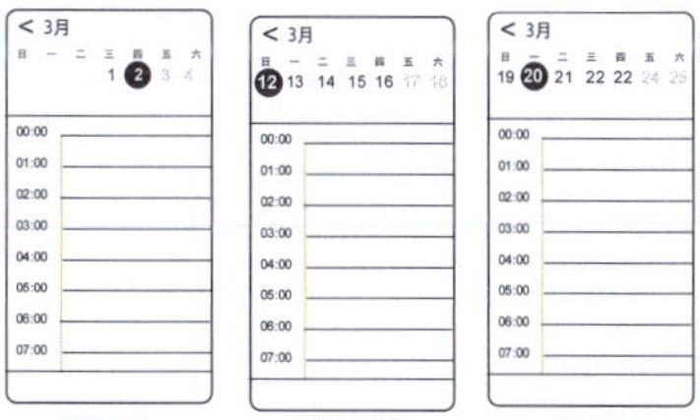

看医生　配眼镜　看牙

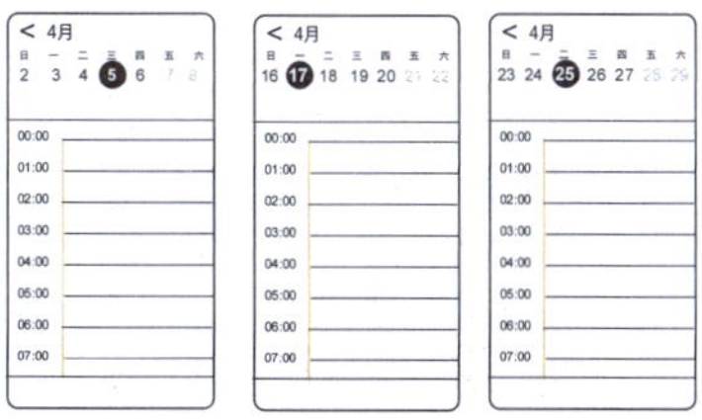

理发　按摩　去银行

54 餐厅菜单

伊洛迪：美食家餐厅；弗朗索瓦：美食家餐厅；洛根：绿色加兰特餐厅；艾米丽：绿色加兰特餐厅。

55 人头攒动

（1）4 个；（2）1 个；（3）3 个；（4）2 个

56 觥筹交错

蓝、绿、黄、白；
紫、红、橙、粉

58 斑马和长颈鹿

59 渔夫

60 恐龙

	3	
5	1	
6		4 2

61 动物园 1

（1）鳄鱼；（2）2 盏；（3）1 个；（4）长颈鹿；（5）2 人

62 气球 2

3 号图片

63 鸟 2

63 人在旅途

D 笔记。

65 自然历史博物馆

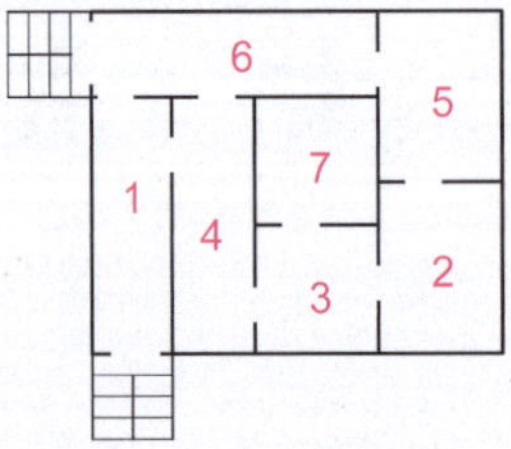

69 可视线

（1）∞；（2）=；（3）∧Δ

72 公园

（1）4 条长凳；（2）粉色；（3）不对，没有人戴帽子；（4）2 个人；（5）粉色；（6）2 个人；（7）5 盏路灯

74 热带鱼 1

金口马夫鱼　主刺盖鱼　花斑拟鳞鲀　刺尾鲷鱼

77 音乐会

（1）4 个；（2）橘粉色；（3）是的；（4）16 个；（5）错误，只有 1 个；（6）3 个；（7）黑色；（8）不是

78 雨伞 2

安娜　马里恩　芙罗琳

79 芭蕾舞者 2

A、E

80 博物馆

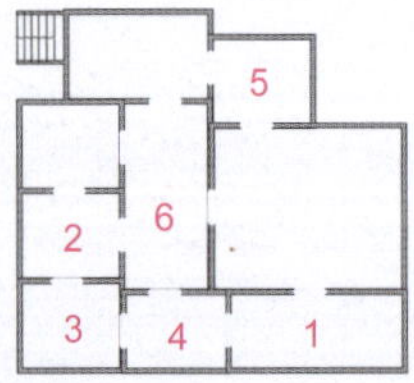

81 野生动物 2

82 夹克衫

83 高跟鞋

Y	Q	D	J	O
Q	Y	O	D	J
D	J	Q	Y	O
Y	J	O	Q	D
O	J	Y	D	Q

86 花盆

蓝、绿、紫、黄、红。

87 除草

（1）2 棵树；（2）字母“Y”；（3）卡其色；（4）手套、短裤、房顶

88 动物方阵 1

2	0	4	5	8
8	5	2	0	4
4	2	5	8	0
0	2	4	5	8
5	4	8	0	2

89 萨波朗

破布、闪闪发光

90 图形记忆

（7,1）、（3,2）、（10,2）、（7,5）、（7,10）

91 天使与魔鬼

C、D、E、A、F、B

93 符号方阵

$	$	^	\
\	+	$	+
+	^	\	$
+	$	+	^

94 海底世界

D	P	T	B	E
P	T	D	E	B
B	E	T	P	D
T	B	P	D	E
P	E	D	B	T

95 鸡尾酒

B、E

96 水果格子

	5				
		7			
					3
	2				

100 动物方阵 2

H	C	T	A	Y
T	A	H	Y	C
Y	T	C	A	H
A	C	T	H	Y
A	Y	H	C	T

101 种花

第 3 个盆中。

102 小鸟方阵

7	6	9	4	3
3	9	4	6	7
9	4	3	7	6
3	9	4	6	7
6	4	7	3	9

103 新鲜蔬菜

卷心菜、红甜椒、丝瓜、胡萝卜、西红柿

104 魔鬼与上帝

这里：3 次，兄弟们：2 次，记住：2 次。

106 小猫方阵

M	H	Y	K	E
K	E	H	Y	M
H	Y	K	E	M
K	M	E	Y	H
M	E	Y	H	K

107 动物园 2

猴子、犀牛、鳄鱼、狮子、长颈鹿、河马

108 球鞋

5	7	1	4	2
2	1	7	5	4
4	2	5	7	1
7	5	1	4	2
5	4	2	1	7

112 万圣节方阵

vm	qp	ow	pq	lh	rx
pq	ow	qp	lh	rx	vm
rx	lh	pq	qp	vm	ow
lh	ow	vm	rx	qp	pq
rx	vm	ow	qp	pq	lh

116 花朵方阵

		2		
	5			
9				8
			1	

117 字符串 2

（1）π；（2）Δ；（3）D

118 黄色六边形

坐标：（7，2）；（2，4）；（5，5）

119 数字与符号 1

24$	6€	33%	69@	5#	15^
6€	5#	15^	83∞	74∩	24$
33%	69@	6€	5#	74∩	15^
83∞	24$	74∩	6€	69@	5#
5#	33%	69@	74∩	24$	83∞
74∩	15^	5#	33%	83∞	69@
69@	83∞	33%	24$	15^	6€
74∩	6€	24$	83∞	33%	15^

120 数字与符号 2

>	@	&	&
>	>	%	@
@	@	>	&
%	&	@	>

121 饮料方阵

}c	Ωh	?p	!d	/o	+f	√b	£q
£q	√b	/o	}c	?p	!d	Ωh	+f
+f	£q	√b	/o	}c	?p	Ωh	!d
Ωh	+f	£q	√b	}c	/o	!d	?p
!d	Ωh	?p	}c	/o	£q	√b	+f
+f	√b	/o	£q	!d	Ωh	?p	}c

123 水果图

草莓、橘子、猕猴桃、葡萄、树莓、樱桃、西梅

124 圣诞球

C

125 纽扣

ik	bq	sm	dp	nt	gf
dp	gf	bq	ik	sm	nt
bq	ik	sm	gf	nt	dp
gf	nt	ik	sm	dp	bq
nt	bq	dp	sm	gf	ik

128 熊的故事

二、大褐熊、困住它、战斗、同伴、米、岩石、小路、五十

130 窄门

金光灿灿、出现、感受、眩晕、片刻

132 小动物

hf	qp	ah	es	jg	db
jg	ah	qp	hf	db	es
hf	es	jg	db	qp	ah
db	jg	qp	ah	es	hf
jg	hf	db	es	ah	qp

133 暗流

A、E、D、F、B、C、G

134 小鱼方阵

tn	xu	qm	bk	iv	ra
qm	xu	bk	tn	ra	iv
tn	ra	iv	xu	qm	bk
xu	qm	ra	iv	bk	tn
iv	ra	tn	bk	xu	qm

135 蒲公英

	2	
		1

138 挖掘机

#	^	%	<	>
<	>	#	%	^
#	%	^	>	<
<	#	>	^	%
%	>	<	#	^

139 凯撒沙拉

多了 1 勺橄榄油、1 根长叶莴苣、1 个鸡蛋；缺了少许胡椒粉、1 块鳀鱼。

140 蜥蜴

hw	oa	ei	xt	nv	zj
ei	nv	hw	zj	xt	oa
oa	xt	hw	nv	zj	ei
hw	zj	oa	nv	ei	xt
oa	zj	xt	ei	nv	hw

141 毛毛虫

绿、红、橙、黄、绿、蓝、紫、粉

144 词语方格

8				
3	5			
		7		

145 昆虫方阵

34	10	42	38	54	91	63
42	34	10	63	91	54	38
54	38	63	91	10	42	34
91	42	10	63	34	38	54
38	54	91	34	42	63	10
63	91	34	54	38	10	42

146 树叶图

缺少了一片枫叶。 

147 弓箭手的女儿

（1）城墙脚下；（2）泥潭；（3）靴子、尖头鞋；（4）沿着地上铺的木板走；（5）蜂窝饼、苹果酒

149 自由的鱼

				9	
					5
	2			3	
	11				
		8			

152 马匹

B、E

153 字母组合 1

lc	ng	kh	mw	yj	eq
kh	mw	eq	ng	lc	yj
lc	yj	ng	kh	eq	mw
yj	eq	mw	lc	kh	ng
ng	kh	eq	yj	lc	mw

156 恐龙方阵

yu	vm	ia	ts	hk	ld
ia	ts	yu	vm	ld	hk
hk	ld	ts	yu	ia	vm
yu	ia	vm	ld	hk	ts
ld	hk	ts	yu	vm	ia

158 魔法棒

A

159 瓶瓶罐罐

bd	tr	cn	ui	gj	ks
cn	tr	ui	gj	ks	bd
gj	tr	bd	cn	ui	ks
bd	ui	tr	ks	gj	cn
ks	gj	bd	cn	tr	ui

160 圣诞树

（1）星星，黄色；（2）3 个；（3）黄色；（4）5 个；（5）不对

161 几何图形

		10			
	6				
			4		
	7				2
8					

162 小鸟叽喳

Gl	Qx	Fb	Hu	Md	Rh	Kt
Fb	Hu	Gl	Kt	Rh	Md	Qx
Qx	Kt	Rh	Md	Hu	Fb	Gl
Rh	Md	Fb	Hu	Gl	Qx	Kt
Kt	Qx	Md	Rh	Hu	Fb	Gl
Md	Fb	Hu	Qx	Gl	Kt	Rh

163 多对角

So	aD	cG	wR	jH	nE
cG	wR	jH	nE	mC	So
aD	cG	wR	So	jH	mC
nE	cG	mC	jH	wR	aD
jH	mC	So	aD	cG	nE
mC	So	nE	cG	aD	wR
So	jH	aD	mC	wR	nE

165 动物们

	4	
1		
	3	2

166 苹果煎饼

1 个苹果、100g 面粉、1 个鸡蛋是多余的

167 猫科动物

H70	V68	J93	T57	F76	Y44
J93	O37	F76	Y44	R10	V68
T57	R10	Y44	F76	J93	H70
R10	H70	O37	T57	Y44	F76
Y44	F76	V68	J93	O37	H70
J93	O37	V68	R10	H70	T57
V68	H70	R10	T57	O37	J93
T57	O37	Y44	F76	V68	R10

169 小锁方阵

59	21	11	49	26	96	78
49	96	59	21	78	26	11
21	59	49	78	26	11	96
11	78	21	96	59	49	26
96	49	11	26	21	78	59
78	11	96	59	49	26	21

170 蜡烛方阵

Ea	Gf	Ok	Sj	Tm	Db	Bz
Gf	Ea	Db	Tm	Bz	Sj	Ok
Bz	Db	Sj	Ea	Gf	Ok	Tm
Db	Gf	Ea	Bz	Ok	Tm	Sj
Tm	Sj	Db	Gf	Ea	Bz	Ok
Ok	Bz	Tm	Db	Gf	Sj	Ea

171 记忆物品

草、独轮手推车、靴子、十字镐、手套、锯子、耙、长柄叉

172 记忆单词

			10		
				2	
8				6	
	4				

173 花色表格

				6	
	11		14		
8					2
	1				
		12			

174 园丁

C

175 浮生梦

树 5 次、小径 1 次、散步 2 次、昂布瓦斯 3 次、树林 3 次

176 树叶方阵

Nj	Pb	He	Cn	To	Yf	Lk
Lk	Cn	Nj	Yf	Pb	To	He
Nj	Yf	Pb	To	Lk	He	Cn
Yf	To	He	Nj	Cn	Pb	Lk
Cn	Yf	To	Pb	Lk	He	Nj
Pb	Nj	Lk	Yf	He	Cn	To

179 蔬菜圈

胡萝卜、卷心菜、甜菜、丝瓜、土豆、红甜椒、茄子、豆荚、西蓝花、玉米、蘑菇

181 UFO

95	63	15	93	76	85
37	95	76	15	85	93
93	15	85	63	76	37
37	93	76	85	63	95
63	85	93	15	95	37
85	37	95	76	15	63
15	76	63	95	93	37

182 袜子

B

184 百合与雄狮

期盼、水果、树木、亲朋

185 球类方阵

F88	K44	Z51	S57	Q15	J18	R1	C70
C70	F88	R1	Z51	J18	Q15	S57	K44
R1	J18	C70	F88	K44	S57	Z51	Q15
K44	C70	F88	Z51	J18	R1	Q15	S57
J18	Q15	S57	R1	F88	C70	K44	Z51
C70	Z51	K44	F88	S57	Q15	J18	R1

186 蔬菜组合

（1）茄子；（2）两种，分别是绿甜椒和黄甜椒；
（3）西红柿；（4）卷心菜；（5）玉米

189 糕点方阵

L↗	G↑	S↘	Y→	B←	F↖
P↙	S↘	F↖	G↑	D↓	Y→
B←	D↓	P↙	S↘	F↖	L↗
L↗	S↘	Y→	G↑	D↓	P↙
Y→	B←	P↙	L↗	G↑	S↘
L↗	P↙	F↖	B←	Y→	D↓
F↖	D↓	B←	Y→	L↗	G↑
S↘	P↙	G↑	F↖	D↓	B←

190 指示标

5					
			9		
2			1		
		8	12		
	13				

192 小森林

£59	?27	✓45	*93	#61	+82
✓45	#61	&48	?27	+82	*93
&48	£59	+82	#61	?27	@16
*93	@16	£59	&48	✓45	?27
@16	✓45	?27	+82	*93	#61
+82	&48	@16	✓45	&48	£59
#61	+82	*93	£59	@16	&48
*93	?27	#61	@16	£59	✓45

193 小花园

194 盆栽

香菜 A，百里香 B，薄荷 C，香芹 D